星子县地图（1956年）

星子历史文化丛书

古村集镇

景玉川　欧阳祖照　著

江西人民出版社
Jiangxi People's Publishing House
全国百佳出版社

匡庐之南,彭蠡之滨,是我的故乡星子县。

"庐山之美在山南。"上初中时读王勃的《滕王阁序》,我对之就有所领悟。少时见识少,何以能对此文心领神会?实因王勃所描绘的,就是我家乡的山光水色。

王勃状景抒情,其文如一幅绝妙的"湖山胜景图"。他从大处着眼,写滕王阁所处的鄱阳湖和庐山风景:"遥襟俯畅""逸兴遄飞",以其特有之想象力,高瞻远瞩,不限于他在南昌赣江畔的所见所闻。细察实景,王勃所描绘的景色,唯庐山脚下、鄱阳湖岸边的星子县具备。试看:"潦水尽而寒潭清,烟光凝而暮山紫""层峦耸翠,上出重霄""落霞与孤鹜齐飞,秋水共长天一色""渔舟唱晚,响穷彭蠡之滨;雁阵惊寒,声断衡阳之浦",能切合这妙文的,家乡星子当之无愧。

星子山川灵秀,自古以来名流墨客,或来此为官作宰,或过访游览,不可胜数。星子素称"名贤过化"之地:陶渊明在这里躬耕隐居;李白、苏东坡来此吟诗咏词;佛印在此修行礼佛;周敦颐在此凿池种莲;朱熹来此开民智、办书院;王阳明在此勒石记功……这些文人雅士,或教化一方,或咏唱山水,其所作所为、所记所述,使星子人文昌盛,文化气息厚重。

今欣逢盛世,国家正大力加强社会主义文化建设。为了弘扬中华优秀传统文化,阐述优秀传统文化的时代价值,星子县一些文史研究工作者商议编写一部"山南历史文化丛书",以发掘家乡被岁月湮没的历史文化。丛书分官宦人物、风俗民情、诗文碑刻、村镇寺院等数集，将正史、方志所不载或未能细述之史事尽收书中。2016年5月，星子县与庐山合并，原定的"山南历史文化丛书"遂改名为"星子历史文化丛书"。

从2015年到2018年，数年时间内，作者们爬梳旧典，探幽发微，搜集、调查、整理，经过艰辛努力，克服重重困难，终于完成书稿。作者们将故园之思、家国之情融入书中，他们不辞辛苦、不计报酬、乐于奉献的精神，值得赞许。

为了使书稿顺利出版，北京景天国际旅游开发有限公司总经理景艳金先生慷慨解囊，鼎力相助。但愿有更多像景艳金先生这样不乏文化视野的企业家投身于家乡的文化事业。

今书稿已成，即将付梓，这是家乡文化史上一件盛事。相信此书出版发行后，将流传久远，足慰编者初心，长供后人查考。对传承优秀历史文化，自有积极意义。可喜，可赞，可贺！

值此丛书即将出版之际，我不揣文陋笔拙，撰此短文，聊以为序，并赋小诗一首，以志庆贺：

> 故土长牵家国情，
> 吾乡秀色自天成。
> 名贤过化千秋事，
> 入卷堪添史上声。

余松生

戊戌四月(2018年5月)

（余松生，江西星子县人，曾任中共九江市委副书记、市纪委书记）

凡　例

一、本丛书坚持实事求是地记述有关星子县的历史与文化。

二、丛书记事上自北宋太平兴国三年(978年)星子立县，下至2016年星子县与庐山合并，成立庐山市。

三、由于行政区域常有变化，除《战事纪略》与《摩崖碑刻》外，本丛书所述地域历史以中华人民共和国成立后最早的行政区域为本。

四、丛书保留原资料所载及当地习惯使用的计量单位斤、亩、里、公里等。

五、丛书中民国以前的纪年均用历史纪年，并在括号内注明公元纪年，民国及中华人民共和国成立后一律用公元纪年。

六、丛书所采用各种资料来源于档案馆档案、历代史志、谱牒、报刊、专著，以及有关人士回忆资料。为节省篇幅，未一一注明出处。

前边的话

　　星子自建县以来,境内行政区划随政权更替往往有所变化,各乡镇的面积与名称也有所不同。明代县以下行政单位称"乡""村",到清康熙朝,"乡"改为"都"和"党",星子全县共分九都七党,"都"的面积大于"党"。每个"都"与"党",都有各自的集市。民国时,"都"与"党"又改为"乡","乡"之上还设有"区"。"区"这一行政机构,到二十世纪五十年代中期才撤销。

　　"村"有大有小,大村小村相差悬殊。一般一座村(屋场)单独命名或连同附近的卫星村共名。大村人口逾千,小村人口则只有数十名。二十世纪"人民公社"时期,公社(相当于大乡)下设大队,大队下设小队(生产队)。这时期,原来意义上的"村",范围便有些模糊。

　　星子建县一千多年的历史中,由于战乱、天灾或其他因素,集镇与村庄的数量、大小常有变化,有的萎缩、消失,有的扩大,也会出现新的集镇与村庄。近年开展"移民建镇"和"城镇化",集镇与村庄的数目又有变化。千年以来,全县总的人口大大增加,尤其是1949年以后。1949年全县有82925人;1956年为98297人；1985年为192712人（不包括高垅、海会）；2005年为241038人（不包括高垅、海会）。据《星子县志》（2010年版）记载，1956年全县有18个乡镇；1985年有15个乡镇（不包括高垅、海会）；1995年有16个乡镇（不包括高垅、海会）；2005年则为12个乡镇（不包括高垅、海会）。

据史料记载，消失的集镇有章恕桥市、腰了畈市、饯家湖市、土牛嘴市、花桥市、马头镇等。划出星子的则有张家湾市、积余桥市。

目　录

南康镇

　　南康镇在星子县城,为县政府所在地,位于县东北部,是全县的政治、经济、文化中心。南康镇面积234.17平方公里,人口6万多,下辖大塘、蓼池、四联3个行政村,以及城区、城郊、黄泥岭、坡头、冰玉涧、北门巷、庐阳、迎春桥、星庐、西湖等10个社区居委会,镇政府驻城北星光大道。

　　星子城背倚庐山,如一座半岛伸入湖中,东、西、南三面临鄱阳湖,北与白鹿镇相邻。城内地势北高南低,丘岭起伏,冰玉涧穿城而过,流入鄱阳湖。陆路有环庐山公路,星九公路、星德公路通九江、德安、庐山、九江机场;水路沿湖而上南通赣江,下水北达长江。

　　星子城背匡庐,面彭蠡,湖光山色,交相辉映。由于它坐落在鄱阳湖北部最狭窄处,与东岸的都昌隔湖相望,在以水运为主的古代,这里成为扼守中国南北的重要通道和军事要冲,所以宋代在此设"军"(军与府同级,一般设在交通要道与军事要冲）。故自古以来,星子有"南国咽喉,西江锁钥"之称。

宋太平兴国三年(978年),星子镇升格为星子县,四年后的太平兴国七年(982年),朝廷在此设南康军,元代称路,明、清时称府,辖今星子、永修、都

从鄱阳湖北望庐山南麓的星子城

昌、安义四县,军(路、府)治均在星子城即今南康镇。

明代,星子城区划为集贤、归厚、兴政、永宁四坊。清代则称城市党,内有46坊。民国三年(1914年)南康府撤销,原来的城市党分为两个区:东南部分为彭蠡镇,西北部分叫匡庐镇。1931年抗日战争爆发,1938年星子沦陷,星子城区被称为特别区。

1945年抗战胜利,为了纪念已消失的南康府,当局将彭蠡、匡庐二镇合而为一,称南康镇。战后的南康镇,全镇仅有居民432户,2566人;第二年则达844户,4093人。

1949年以后,全镇设4个居民委员会。1982年,全镇有居民2896户,14796人。随着改革开放和城市化进程的加快,乡村人口迅速进城,居民骤增至6万多,还有继续增加之势。最初南康镇辖区仅限于古城墙之内及城郊一线,至1985年辖地早已超越旧城池,但也不过4.45平方公里,近年来,辖地已增长了50多倍。其中大塘、蓼池是两个渔业村,两村村民为原蚌

湖公社堑湖大队与大塘大队渔民，1972年从板桥张、新池口搬至县城神灵湖西岸及蔡家岭西侧定居。1991年划归南康镇后，成立大塘、蓼池两个渔业村，其生产经营范围为上至芦潭、焦尾，下至青山、蛤蟆石的广大水域。

南康镇的历史并不长，1966年还曾改名东风镇，"文化大革命"后即恢复。它所坐落的星子城历史悠久，无数名人在此留迹。

县　城

星子县地域较小，庐山大半在其境内，西北部山高水冷，土地贫瘠；东南部虽有小块平原，却由于濒临鄱阳湖，中部还有一座草堂湖（即今蓼花池），常患于洪涝之灾。在农耕为主的古代，星子经济较为落后，廖文英明末曾在此为南康府推官，清康熙时又任南康知府，所以对星子十分了解，他说星子："三里之城，贡赋不满一万。"尽管如此，偏偏来客甚多，接待颇费精力与财力："名流墨客，络绎舟车……则湖上迎来送往倍难……"

明清时的星子城虽远不如现在繁华，但别有风貌。清王民至一首五律《题南康城》，写出了小城的特色：

> 一城依五老，苍冥发空寒。
>
> 古镇今为郡，山瘴半卖兰。
>
> 客来沽火酒，人自食疏盘。
>
> 塔影斜阳淡，湖光草色宽。

县城依山临湖，尽管城小地贫，但风光旖旎，又因地处要津，在现代公路、铁路出现之前，星子为北通京都，南下五岭的必经之地，常常"军实万船，樯帆蔽江"。南宋大学者吕祖谦在《南康石堤记》中道："唯南康独处汇津，方天子驻跸吴会，贡赋之输，商贾之运，士大夫之行，鲜不道此。"

周敦颐、陈舜俞、朱熹、方岳、宋濂、吴国伦、戚蓼生、张维屏等名人曾在此为官，坐镇星子城，他们都名重一时。至于来此游览留宿的高官显宦、文人雅客，更是不计其数：王安石、苏东坡、黄庭坚、周必大、赵子昂、姚燧、王阳明、袁枚、康有为……周敦颐、朱熹二人属理学大家，又先后任南康知军，所以人称星子为"真儒过化"之地，城正中南康府谯楼前特立有"真儒过化"的石牌坊。

星子于978年设县，四年后又设府，但星子城有城名却无城墙。真正有城墙是在江湖派诗人首领方岳（1199—1262年）任南康知军时，才开始谋筑土城。谁知土城刚开工，方岳即因得罪奸臣贾似道而被调离南康，土城未成。到了明正德七年（1512年）陈霖任南康知府，才又开始着手修筑城墙。缺乏经费，陈霖就先以土筑城，由于江南多雨，土城遇雨即溃，后又用石垒，不一年又崩塌。最后决定开采花岗石筑城，下层垒花岗石，到一定高度再砌以砖。城墙终于初成，它"周千丈，高二丈，石高一丈一尺，上甃（zhòu）以砖"。后巡抚都御史孙燧、巡按御史屠侨也积极支持完善这项工程。从正德十三年（1518年）农历正月至正德十四年（1519年）五月，历时一年多，一座较完整、砖石砌成的城墙终于修成，"矩堞森罗，敌台严整，足以保障一方"。嘉靖初年与末年，城墙又得到拓展，并增加了一座城门。崇祯六年(1633年),巡抚解学龙将城墙再增高三尺,并绕城开挖了护城河,星子城构成了一个完整的防御体系。此后一百多年间,城墙又经过了几次修补。最后一次大规模修筑是在清嘉庆年间,知府狄尚绸主持修筑工程。星子城属南康府城,辖都昌、永修、星子、安义四县。所以他将城墙分成四大部分,所修长度根据各县人口与财力,分别由都昌、星子、建昌(永修)、安义四县负责。嘉庆十六年(1811年)农历八月动工,嘉庆十八年(1813年)农历五月告成,共费银一万五千余两。这次大修,人们用糯米、石灰、桐油搅拌成黏合剂砌砖石而成。城墙高大坚固,整座城呈不规则圆形,周长1016丈,约合今3048米。其中都昌修筑360丈,星子276丈,永修240丈,安义140丈。有六座城门:北叫匡庐门,南称彭蠡门,西为西宁门(俗称大西门),东曰东汇门,西偏南有小西门(旧称德星门),小西门

星子城区一九五〇年元旦大会

与彭蠡门之间有紫阳门。城墙高而宽,小汽车可以在上面驰行。可惜在 1956 年,耗费巨大人力财力而修筑的古城墙被拆毁,现仅县中(第二中学)和原粮食局还留有少许遗址。今南康商场所在地就是原来的县城北门,门外绕城的护城河已经填平,成了新的大街。星子古城蕴含着历史沧桑与风韵的景观从此消失。

街　道

星子城是座山城,由于地势起伏,街道、店铺皆依坡就势而建。"城中多蹬道,坡陀参差,车马驰骋之途罕矣。"清代,城内有 46 坊(相当于里弄),牌坊 160 座。经过战乱,特别是日军侵略时的轰炸,原先众多街巷与牌坊已经消失,难以复原。

旧志上记载星子城有多条街巷,但经过历代兵燹与风雨,很多已不复存在,有的有名无街(没有店铺),如袁公街、新庙会街、瓷器巷、昌谷巷等。1949 年后,城内比较完整的街(两边有店铺)组合成一个大的"上"字。底下一横从与竖交接处分为府前街与砚池街,右称府前街,通南康府衙;左为砚池街,因售砚台店铺多,通南门湖(鄱阳湖)。"上"字上边一短横叫北门巷,通城北门(匡庐门),旧时有钱人多居于此,安义、永修、都昌三县在北门巷设有会馆。"上"字中一竖与北门巷的连接点称"朱公坡",那一竖上半截叫西大街,下半截叫东大街,又名正街。东大街与西大街实际上是一座岭的两面,如倒"U"形,最高点就是"朱公坡"。故无论东大街还是西大街都是有坡度的,西大街坡度更大,显得有些陡。

这五条街都不长,均不过100多米,也不宽,3米左右。由于城外不远的东牯山产花岗岩,所以县城的街一律为花岗石街面,经过历代行人的脚步打磨,花岗石街面很光滑,下雨行走得小心。"文化大革命"中府前街与砚池街经过扩建,已非旧时模样。仅东大街与西大街还保留了原来光滑的街面石。

据史志记载:清代时星子城有160多座牌坊跨街而立,但历经战乱,到1949年,只留存了府前街与砚池街上几座。这几座牌坊都气魄雄伟,雕刻精美,无论山水人物、虫兽花鸟均栩栩如生。其中立于现县委右侧数十米的明刑部尚书陶尚德的牌坊,还被列为省级重点保护文物。可惜这些珍贵的历史遗存都毁于"文化大革命"中"破四旧"的年月。

小县城几条街中,算东大街店铺最多,鳞次栉比,故称"正街"。星子城最著名的两家商号都在东大街上,一名"丰昌",一名"益大"。蒋介石在海

二十世纪三十年代的东大街

会与星子城办"庐山军官训练团""党政人员训练班"时,这两家商号是最大的供货商。

以东大街与府前、砚池二街交汇处为中心,这里也是星子最主要的集市地。清晨,周边的农民、渔民将菜蔬、瓜果、木柴、

水产挑往这里销售,街市上熙熙攘攘,非常热闹。夏季,东南部农家西瓜、地瓜成熟,瓜农们乘小船载着瓜进城来卖,东大街一带沿街店铺前摆满了瓜农们的瓜箩……这种兴旺景象一直延续到二十世纪八十年代中期,随着城区不断扩大,新建了集贸市场,才渐渐消失。东大街与西大街现统称西宁街,改造拓宽后的府前街与砚池街则合称紫阳路,以纪念在此为官的朱熹(又称紫阳先生)。紫阳路呈直角形,底边通鄱阳湖,向上通原城北门方向。

1964年县城机关送"样板田"干部下乡

上图中的两座石牌坊,均在"文化大革命"中被毁。小城街道有两处地方较为有名:一处为朱公坡,一处叫扬武阁,两处恰在东大街的一头一尾,上为朱公坡,下为扬武阁。朱公坡之名来历:传说朱熹任南康知军时,都昌的黄灏常向他求教,质疑问难,执弟子礼甚恭。后来,他还索性从都昌县过鄱阳湖来星子,入了星子籍。朱熹为了方便看他,专门修了一条路通往他住的地方。旧县志上说:"朱子辟此路以通黄商伯家,故名。"黄商伯就是黄灏,字商伯,因筑堂西大街坡上,人称西坡先生,南宋隆兴元年(1163年)进士,曾任知县、信州知府,后改任广西转运判官、广东提点刑狱。

扬武阁(一作"角")之名来历不详,它位于东大街与府前、砚池二街交汇处。阁已不存,但似乎成了一处标志性的地点。1949年前后至二十世纪五十年代末,这里有一间生意很好的油条包子店,油条很有名,店名叫"混一天"。

扬武阁与东大街(摄于2010年)

县二中原址为旧府学文庙,通往文庙原为一长数百米石级路,为明万历年间知府余黼主持修建,名石梯坡,坡高且陡,二十世纪六十年代废。

二十世纪九十年代初,随着人口不断增加,城区迅速扩张,遂开辟了新的街道。新街全在原县城城墙之外,街道宽阔气派,高楼大厦,店铺霓虹灯闪烁。原来千年繁华的几条小

石牌坊

街,像是被时光抛弃,行人稀少,居民寥寥,显得萧条冷落。

机关　单位

这里的机关与单位,不只是 1949 年中华人民共和国成立后的机关驻地,还包括古代官署与公廨所在地。这里重点记述古代官署与公廨所在地。

中共星子县委大院一直坐落在府前街。星子县政府则先在砚池街,"文化大革命"以前搬至旧县城北部新落成三层办公大楼。县委与县政府在中华人民共和国成立前后一度共同在原南康府衙办公。县武装部很长一段时间在原县政府办公处办公,后迁至旧城外新址。县人大与县政协曾长期在县政府大楼前一栋二层楼办公。法院、检察院、公安局三家则长时间在原南康府官署院落中办公。

1949 年全县人口约 83000 人,到 1985 年已至约 193000 人。随着人口繁衍,学校、医院扩大,有关机构也不断增加,旧有的办公地不能适应发展的大趋势,不得不进行改建与扩建。在这种情况下,现有的机关与单位与古时已不可同日而语。尤其是从二十一世纪开始,大量机关单位迁建于旧城之外,许多政府部门都迁建于峰德镇附近的星德公路两旁,办公楼无不高大气派。

特别值得一提的是湖泊实验站,全称"中国科学院江西分院湖泊实验站"。它位于城东南紧贴老城墙(城墙临湖),1959年 4 月成立,是当时全国唯一一所综合性湖泊研究机构,从事鄱阳湖的水文气象、地理和水生物等多项研究。湖泊实验站由江西省第一任省长邵式平主持筹建,参与单位有南京大学、南京地理研究所、华东水利学院、武汉水生物研究所、江西省农业厅、江西省地质局、江西省水文气象局、江西师范学院等,邵式平亲自担任实验站名誉站长。半个多世纪来,湖泊实验站为鄱阳湖科学研究做了大量工作,现改名鄱阳湖水文局。

民国及民国前,无论府属与县属机构,都设在周长3000多米的城墙之内。在《南康府志》(同治版)的星子城平面图中,可以看到小城内南康府衙、星子县衙、通判署、九江道行署、布政司行署、分守道行署、县学、府学、试院等机构。

南康府治所在星子城中心,因四周围有围墙,似一座小城,故史书称"府署在子城内"。子城东临如今的紫阳路,西邻东门涧(冰玉涧),整个府衙坐北朝南,呈长方形,长约500米,宽200米。府衙前为一广场,广场门外有"真儒过化"的牌坊,过广场是高大的谯楼。穿过谯楼洞门为卵石铺就的甬道,甬道两侧为古柏苍松,显得幽静而威严。甬道后是南康府大堂,高大宽敞气派,堂柱两人合抱。公案设于堂中,为知府审案之处。大堂东通后院二堂、三堂。大堂后还有会客厅、花厅、六老堂、住房及两旁的廊房与内外围墙。大堂后院植有桂花、桐柏、乌柏一类树木与花草,周敦颐、朱熹等名人曾在这里居住、读书、会友。

1914年南康府撤销后,府衙一度成为星子县政府所在地。1949年后,南康府大堂后院落及建筑成为公安局、检察院、法院办公处,大堂则为文化馆所用。"文化大革命"后期,南康府大堂被拆毁。

旧时星子县衙在今第二小学处,现踪迹全无。

《南康府志》(康熙版)中的星子城俯视图

《南康府志》(同治版)中的星子城俯视图

古建筑　民居

星子有几处有名的古建筑。

谯楼　又称鼓楼,最早建于宋,后毁。元至正初年(1341年左右)南康路总管孙天民重建,著名学者虞集为之作记。不久毁于元末兵燹。明洪武九年(1376年),知府安智重修"悉以木构之,中置于漏壶"。天顺五年(1461年),知府陈敏政再次重修,这次筑花岗石台为基座,上建楼阁。明嘉靖三十一年(1552年)与清康熙十年(1671年),知府李纯、廖文英分别对其进行了维修。1980年与二十一世纪初,又对此楼进行了较大的修复,上盖绿琉璃瓦。谯楼台基全长30.5米,宽16米,高6.6米。台基全以花岗岩砌成,中有拱形门洞,深16米,宽3.3

芝华桥后是"真儒过化"牌坊,坊后为谯楼,楼后通南康府衙(摄于二十世纪初)

米,高5.6米。本地人称此门洞为鼓楼洞,在缺乏电风扇的年代,此门洞成为县城百姓夏季纳凉的好去处。台上建筑为砖木结构,木柱横梁,榫卯相接。楼长17.35米,宽10.75米,高6.8米,重檐翘角,雕栏画栋,气势颇为壮观。

洞门两旁镌刻有清乾隆知府刘方溥所书的长联:"曾是名贤过化前茂叔后考亭我亦百姓长官,且试问催科抚字;纵使绝险称雄前匡庐面彭蠡谁作一方保障,敢徒凭形势山川"。

由于史载三国时周瑜曾在宫亭湖(即鄱阳湖)训练水军,而此楼临近鄱阳湖,于是人们说此为周瑜点将台。1926年康有为来星子,曾在府衙留宿一晚,县长刘太希请他题词,康挥笔成诗:"丽谯楼观亦雄哉,传是周瑜旧将台。"

此楼被定为省级重点保护文物。

县城南门(摄于1954年5月8日)

谯楼东侧有爱莲池,夏日池中碧叶荷花,清香远逸,传说池最初为周敦颐任知军时始凿,后历代有人修葺。现爱莲池呈长方形,深3米,周长120多米。池中筑方形石台,面积64平方米,台上修有二层爱莲亭。台北为五墩六孔"之"字桥全长19.6米;台南有三墩四孔平桥通池岸,长16.5米。

爱莲池(摄于二十世纪三十年代)

紫阳堤　紫阳堤在城南鄱阳湖边。由于星子城紧邻鄱阳湖,南向水域开阔,每遇风浪船只无法傍靠,所以必须筑堤造港。最早筑堤为北宋元祐年间(1086—1094年),知军吴审礼因郡治濒湖,风浪险恶,往来舟楫停泊无所,于是构木为堤。崇宁年间(1102—1106年),知军孙乔年,以石代木,筑堤十五丈。后经历代知军(府)相继修筑,筑成呈"工"字形的内、外两道石堤。外堤略呈弧形,两堤之间为东、西二澳,船只可以进入澳中以避风浪。两堤间又有直堤连接内外二堤,直堤下还有拱形门洞供船只往来东、西二澳。此堤之所以称紫阳堤大概是朱熹为筑此堤出力较多,且知名度又高。明末"四大名僧"之一的达观曾写诗《夜泊星子朱堤》道:"浪打南城城脚时,往来舟楫命如丝。新安不产朱夫子,谁向湖边筑此堤。"

二十世纪六十年代初，紫阳堤完好，城里人多在堤边洗衣。县中附近一段城墙尚未被拆，气象部门在城上建气象预报台，上挂球形、方形、三角体竹器，向湖上行船预报天气。余福智先生有诗曰"堤岸浣衣石变滑，古城高处挂风球"，描绘了那个时代星子城特有的风貌。

如今紫阳堤只剩下西侧残缺的外堤，东、西二澳之间的门洞已被堵塞。

梯云塔（摄于 1958 年）

梯云塔　梯云塔又称大塔，旧名永镇塔，在城东鄱阳湖畔断崖之上。塔为砖石砌成，共七级，内有石级通道至塔顶层，最早为明万历二十二年（1594 年）知府彭梦祖主持修筑。清嘉庆二十年（1815 年）重修第六、七层，并改名梯云塔。梯云塔巍然高耸，湖光塔影，为星子城增添了不少风采。可惜在"文化大革命"期间的 1968 年，此塔被拆除，其砖石用于建大礼堂。

城东原还有一座宝塔叫凌云塔，比梯云塔小，故人称"细塔"，始建于明代，后毁于日军炮火。

民　居

　　星子经济不发达，县城居民住房低矮，祠堂为江南所特有的风火墙建筑，或两进、三进、四进。店铺则如电影《林家铺子》中的一样，门由木板自由镶嵌而成。

星子街道上的牌坊（摄于二十世纪三十年代）

　　进入近代，县城始有西式建筑。1949 年以前，县城有三处醒目的西式洋楼：一处位于现县二中，为西方传教士所建；一处在东大街旁琵琶岭附近，高三层，为星子杨姓所建；一处在现县委大院内，为二十世纪三十年代国民党"中央陆军军官学校星子特别训练班"副主任张与仁办公楼。这三幢洋楼形式相似，主体建筑为方形，都有敞开式外廊、廊柱，窗均为石拱形。三幢洋楼以杨姓楼面积最大,张氏楼最为精美,一度被称为县委的"小客楼",接待重要客人。

二十世纪始有电灯之前,城内照明为油灯、汽灯或马灯,饮水为井水。二十世纪六十年代开始居民才用上自来水。

1949年以后,小城居民居住条件渐趋改善。改革开放后,变化更大,早已不只是二十世纪五六十年代向往的"楼上楼下,电灯电话",而是城内外一片高楼大厦,甚至私人别墅与轿车了。

《县城南门》(日寇侵占星子时发行的明信片之一)

撰稿:景玉川

白鹿镇

原名五里乡,1984 年改名白鹿乡,后又改为白鹿镇,均因附近有著名的"白鹿洞书院"。五里乡地处星子县城北郊,南接县城,北连海会镇,西北为庐山,东与都昌县隔湖相望。全镇总面积 108 平方公里,其中鄱阳湖水域面积 27 平方公里,辖 10 个行政村和 1 个生态林管理所,即五里、玉京、万杉、秀峰、河东、四联、波湖、大岭、梅溪、交通 10 个村及白鹤涧生态林管理所。共有 148 个村民小组,5520 户。总人口 2.6 万余人。现有耕地面积 14852.33 亩。

白鹿镇在中华人民共和国成立初期划为第四区,辖区包括清代的五里党、黄洋党、城市党(今腰子畈一带)与河村党,后又分为清泉、河村、五里三乡,一度又改乡为人民公社。1984 年,三地合并称白鹿乡。白鹿乡紧靠庐山,辖地"山高水冷,风劲地寒",除河村畈一带,其他地方田地多贫瘠,作物产量不高。但白鹿镇有丰富的高岭土(当地人叫白土),十九世纪景德镇高岭土资源快枯竭时，人们在星子的五里、海会一带发现了高岭土，且质量上乘，俗称"墨鱼骨头"，为景德镇生产高档瓷提供了必不可少的原料。

由于靠近星子县城与府衙，除了五里牌外，白鹿还曾有马头镇、章树桥、峰德镇、谢司塘等集市（镇）。

白鹿镇较有名的古村有：周家湾、阮家牌、欧阳孟贵村、钵盂山黄家……

集　镇

五里牌　五里牌现为白鹿镇政府驻地，是白鹿镇最大的集市，镇医院和乡级有关机构也在此，镇中学与中心小学原也在此（后被迁至县城）。九江至星子县城的公路从镇中穿过，向左有沥青公路通往著名风景区观音桥。

在二十世纪三十年代修筑九（江）星（子）公路之前，五里牌就是集镇，九星公路通车后，店铺有所增加。由于离县城约五里（旧时计量路程一般为大概数字，不一定准确。实测从县城城门至五里牌为八里），所叫五里牌。

五里牌又称分路牌。传说唐代李渤在白鹿洞读书时，养了一只很乖的白鹿。李渤要买什么东西，写一字条和钱币同放在袋子里，将袋子挂在鹿角上，白鹿就前往五里牌购货。店家认识白鹿，取出字条看了后，将李渤要买的东西放进布袋再挂在鹿角上，白鹿就会回洞交给主人。有一回，白鹿来五里牌为李渤购物，近五里牌时，被一伙不识此鹿的家伙杀了，并在五里牌将鹿肉分了，从此，这里便称分鹿牌。因为无论是星子话还是普通话，"鹿"与"路"同音，所以后来又叫成了分路牌，而通往九江与观音桥的路恰好在这里分岔。

五里牌集镇位于较大的高坡上，坡下两侧为田园村落。坡西是玉京山与庐山，坡东为鄱阳湖北部较狭窄水域。湖东的山岭与湖西的庐山形成狭长"管道"，风经过这里往往由于"狭管效应"而突然增大，就像人们说的"穿堂风"一样。所以这里冬天风特别大，也让人感到比它处更冷。近年提倡风力发电，这独特的风能便派上了用场，五里牌东面沿湖立起了一座座高高的风力发电机，成为一道独特的风景。

今五里牌白鹿镇政府大楼

马头镇　马头镇在五里牌西北七八里，距观音桥 2 里多，清代称黄洋党（乡）马头市。没有登山公路前，上庐山的山道主要有两条：一条为山北从莲花洞经好汉坡上山；一条为山南经观音桥、栖贤寺至含鄱口，马头镇是山南上庐山的必经之地。

英国人李德立盗租牯牛岭之前，马头镇就已成为黄洋党（乡）的集市。1934 年九星公路与星德公路修筑前，经秀峰、万杉、白鹿洞至九江的古驿道从这里穿过。庐山成为避暑胜地后，由此上下庐山的人员大增。后来蒋介石将庐山当作他的"夏都"，曾晚归、刘一公等又在含鄱口下建"太乙村"，这条山道也得到修整、拓宽，从此往来行人更多。由于山上居民生活日用品如米、菜、油、盐等全靠山下供应，这一带的村民多参与挑夫工作，也不断有外地人来此地开店，马头镇因此更显得繁华。吴宗慈1933年著《庐山志》称：

"码头镇者，北至栖贤桥（即观音桥，也叫山峡涧桥），南至星子县，东至白鹿洞书院，西至万杉、开先二寺，四达之通衢也。有居民百余家，商店若干家。"

1936年，有署名"天涯游客"的作者在游记《庐山风景画》中写到马头镇：

"出白鹿向西行……再前行五六里到码头镇，游人们可以在这儿尝试到庐山山头茶点的风味。"马头镇也许是山南较早向游客销售庐山云雾茶的地方。

抗战胜利后，1947年吴宗慈在《庐山续志稿》中又写到马头镇："战前有居民商店百余户……战时，全镇为日军所毁。胜利后渐有恢复。"

旧史志称马头镇，但吴宗慈书里则称码头镇，大概史志大家吴宗慈先生认为它应属旱码头。

马头镇风光秀美，它紧邻庐山，镇上店铺临溪，小溪沿街流淌，村舍竹树掩映。庐山登山公路修通后，从这里步行登山者骤减，马头镇从此冷落。但二十世纪六七十年代，这里仍有好几间店铺，如今店铺犹存。玉京村（公社时称大队）村部设在这里,这里还有一所完全小学,称五里第二小学。

马头镇附近通往观音桥路边的水碓(摄于 2000 年)

峰德镇 峰德镇离星子县城六七里,距秀峰 4 里左右,星德公路从镇间穿过。集镇在二十世纪三十年代星德公路通车后出现,故镇名也合秀峰与德安二处地名而取,1958 年至 1984 年,曾为河村人民公社驻地。

峰德镇地处庐山南麓的小平原,地势平坦,从栖贤谷流出来的溪流将平原分隔开来,河东叫腰子畈,河西名河村畈。史书记载旧有腰子畈市,峰德镇出现后,腰子畈市便被它代替,腰子畈的名称仍在。峰德镇南为鄱阳湖一大湖湾——落星湾,李白曾写诗:"楼船若鲸飞,波荡落星湾。"(《豫章行》)镇北有一座南北向的小山叫玉京山,最高海拔 324 米,山北尾部近马头镇,传说陶渊明旧居上京就在玉京山下(南麓),《庐山续志稿》云:玉京山"根连庐山,其下有陶渊明旧居"。一千多年前,陶渊明在诗里描述他的居所："方宅十余亩,草屋八九间。榆柳荫后檐,桃李罗堂前。"

这是一座秀逸的小镇,店铺、小作坊、医院、学校等整齐排列在街道两旁。从青玉峡流出的溪水于镇边流过,汇入鄱阳湖。镇西头的中(初中)、小学书声琅琅,溪水潺潺,环境特别清幽。

峰德镇北倚庐山,南近鄱阳湖,四周田园村舍,一抹平畴。春天油菜花开,香气袭人,一片嫩黄;秋日稻涌金波,一派丰收景象。据陶(渊明)学专家考证,这里就是陶渊明诗里的斜川。在公路扩展之前,腰子畈有一坡度很大的山坡,坡下一余姓村庄,村名就叫"余家斜"。南朝宋永初二年(421年),诗人陶渊明同友人出游,穿过田野,来到鄱阳湖边,写下了著名诗作《游斜川》。湖边磨盘石上,至今还隐隐约约留有古人镌刻的"日影斜川"4个字。2007年,在原"余家斜"附近,庐山环山公路与星德公路交会处,人们捐资立起了10米高的陶渊明花岗石塑像。

矗立在昔日腰子畈上的陶渊明石像

近年公路拓宽，东牯山采石规模增大，县城机关不少单位搬迁到此，新建的星子县第一中学也在附近。峰德镇已不复旧时风韵，旧街只剩下半边，路南全部被拆，镇附近矗立起一栋栋高楼，县城不断扩展的街市也已延伸至原本较开阔的陶渊明塑像所在地。

如何将保存风景名胜地的原始风貌与经济发展融合，也许是留给世人的长久话题。

章树桥　古时称章恕桥，也写作章水桥，在峰德镇南，离县城3里，位于星子通往德安的驿道上，古时在此设章恕桥市。章恕桥为平桥，长20米，宽2米，花岗石桥面。史志记载表明，章恕桥最后一次大修由清嘉庆三年（1798年）星子知县邹宗典主持。现代公路出现之前，水路是主要的交通运输方式。东牯山花岗石的开采始于宋代，所以章恕桥在古时为装运麻石的主要码头，有店铺、街道，曾一度繁华。

星德公路通车后，石桥仍在，但章恕桥市已消亡。

谢司塘　谢司塘在县城以北、五里牌东南的鄱阳湖边，附近的神灵浦（湖）是天然的避风良港，也是水上交通要道，清代曾在此设巡检司。巡检司最高长官为巡检，正九品，负责附近的水陆交通与治安，权力不小。谢司塘一度繁华，民国初还有小街，它的消亡与章恕桥相似。1938年武汉保卫战外围战中，日军进攻星子，其水路就是从谢司塘北不远的麻头湾登陆。谢司塘巡检司残存的街市，随之也被日军所毁。

值得一提的是，谢司塘附近有一座属江西省文物保护单位的古桥"千眼桥"。对岸为都昌县多宝乡蒋公岭，这一段湖面属鄱阳湖最狭窄处。古时星子、都昌北部两岸人员往来，可以从谢司塘南的神灵浦渡口过湖。神灵浦渡口自古有之，夏季乘船渡水湖面有 12 公里。冬天枯水季节，则仅数百米，人们可通过"千眼桥"再坐小划子过河往来。"千眼桥"建于明崇祯四年（1631 年），南康府推官钱启忠首倡捐俸集资，历时五年桥才建成，故又名"钱公桥"。桥全长

鄱阳湖上"千眼桥"

2930 米，宽 1.5 米，桥面为长条花岗石，桥柱则用不怕水浸的松木。松木为柱立于湖泥中支撑桥面，一共 983 个泄洪孔，故名"千眼桥"，也称"千孔桥"。明清两代，每隔一定时间，人们都会对桥进行维修，所以长期以来此桥是冬季两县人们往来的重要通道。遗憾的是，这座据说是中国最长的湖中木石建构的古桥，无论是《南康府志》（康熙版）还是《星子县志》（同治版）都未见记载，只载渡口。随着现代交通的发达，这座数百年的古桥渐渐被人遗忘。直到近年，每逢冬天鄱阳湖进入枯水期，坍塌的桥体露出水面，才引起越来越多有心人的重视，经过媒体的宣传，"千眼桥"又重为世人所知。

古　村

周家湾　　周家湾距五里牌5公里左右,在马头镇通往观音桥的路旁,为去观音桥的必经之村。村子不大,十几户人家,大都姓周。据传:周家湾第一代先祖叫周子敬,明永乐二年(1404年)他率家人从吉安吉水沟迁居于此。小小周家湾之所以出名,是因为在二十世纪中叶这里发生过一则动人的故事:"周总理与放牛娃"。

1961年9月17日,时近中午,13岁的周桂花帮母亲春完米,正在家门口玩。公路上开来几辆小汽车,小车到她家附近停了下来(公路尽头)。车里走出几位干部模样的人,她有点害怕,想回屋,却被一位干部叫住了:"小姑娘,你可以带我们去观音桥吗?"她答应后,一位年岁大的首长走过来笑着拉住她的手,一同向观音桥走去,他就是周恩来总理。一路上,总理问周桂花的年龄、是否读书、现在家干什么,听说她放牛后又问是黄牛还是水牛……到了观音桥,她准备返家,但总理留住周桂花合影,并帮她洗手,又用毛巾将她的手擦干净,再给她一个削了皮的大苹果。这是周桂花生平第一次照相,也是第一次吃苹果。

一行人从观音桥返回,路过周家湾桂花家,总理想到她家里看看。家里有桂花的父亲和伯父在,总理对他们说:"老同志,这小姑娘给我带路,耽误了她吃饭,这点糖果和饼干就送给她吃吧。"总理还在桂花家坐下,问:"老人家,你姓什么啊?"

"我姓周。"总理笑道:"你也姓周,那我是到了家里了!"大家都笑了。总理边喝茶边拉家常,他问桂花爸可吃得饱?老人怕讲错了,没有回答。总理说:"不要怕,你们不说我也知道,现在是困难时期。"老人说:"不瞒领导说,饱是不大饱啊"……临走时,全家人都留总理吃饭。总理摆摆手:"今天不吃了,等明年你家杀了猪,我来吃肉。"

周家人只知道这天来的是大官,但不知是周总理。

1977年1月8日,周总理逝世一周年。一位多次陪同周总理视察庐山的同志,在家翻看珍藏的总理照片时,发现了一张周总理与农村女孩的合影。他回忆起当年的情景,决定将照片送给江西日报社。报社领导立即派记者周勇到星子县,去寻找照片上的女孩周桂花……这就是后来流传的"周总理与放牛娃"的故事,教育部门还将故事改编成《一张珍贵的

周总理与放牛娃周桂花

照片》一文,编入了小学语文课本。1978年周桂花有幸当选为第五届全国人民代表大会代表,还见到了总理夫人邓颖超。

周家湾因这一故事出名,吸引了不少来访的记者和游客。如今的周家湾有所扩大,家家都盖了新楼,周桂花的家也盖了新楼,周总理与周桂花的合影被放大后一直挂在客厅中央的墙壁上。

阮家牌 阮家牌属玉京村委会,从观音桥流出的一条溪水

从村南流过。溪上游旁的村庄叫上阮家牌，下游旁的村子叫下阮家牌。上阮家牌村子大，二十世纪八十年代初就有百余户，下阮家牌则为二十多户。随着人口的繁衍，两村的屋舍已经相连了。上、下阮家牌最早为阮姓村民，后阮姓迁出，这里成为多姓氏村落，至今已为五里牌一带较大的村落。村民姓氏有周、吴、游、张、陶等十多种。周姓于明永乐年间（1403—1424 年）迁入；吴姓始祖吴毕荣于永乐二年（1404 年）从温泉山下吴家迁入；游姓于清咸丰年间（1851—1861 年）迁入；张姓则为清嘉庆年间（1796—1820 年）迁入；陶姓也于清末迁入。阮姓虽最早迁来此地，村名也冠以其姓，但已少有后人在此居住。现上、下阮家牌共有居民 150 多户，人口一千有余。

上、下阮家牌由于连在一起，在庐山山麓算是大村，但人多地少，房屋挨得很紧。1953 年庐山登山公路通车前，村民除了种田、秋冬烧炭外，和附近山麓村庄一样，多从事上下庐山送日常生活必需品的挑夫工作。

阮家牌还是大革命时期共产党领导的农会非常活跃的村庄。1927 年 10 月 4 日，被誉为"打响赣北第一枪"的"星子暴动"，参加者很多是这一带的农民。10 月 3 日夜，星子 300 多名暴动队员拿着大刀长矛，从五里、河村等村赶赴阮家牌集合，然后出发与九江县来的武装队伍汇聚，向星子县城进发。第二天他们成功占领了星子城，拉开了共产党领导的赣北武装斗争的序幕。

欧阳孟贵村　欧阳孟贵村在五里牌北偏东 2 里左右，定山之北。村子分上欧阳孟贵与下欧阳孟贵两处，下欧阳孟贵村为上欧阳孟贵村的分支,相距不远,后者地势高一些,故有上、下欧阳孟贵之分。星子人对杨姓与欧阳复姓,一律念"阳",故只称阳孟贵。据传,欧阳孟贵村的第一代先祖就名欧阳孟贵,他于明代万历年间(1573—1620年)从蓼花率家人迁入今欧阳孟贵村。欧阳姓氏的村落在星子有好几处,最大的为海会镇的欧阳家湾。在多山地丘陵的白鹿镇,欧阳孟贵村算是大村,据二十世纪八十年代初统计,上欧阳孟贵村有近60户,300多人,下欧阳孟贵村为18户,近百人。

欧阳孟贵村的出名,不仅因为该村有一位大户欧阳鹤峰,还因他的儿子欧阳怀春是中共星子县委第一任书记。父子俩的故事一度广为流传。

欧阳鹤峰(1861—1938年)是著名乡绅,原名欧阳良家,字光祖,号鹤峰。少时家贫,后中秀才,因开矿经营瓷土发家,乡下有田产,县城还有多间店铺。

欧阳鹤峰有四子三女,欧阳怀春(1907—1949年)是欧阳鹤峰的第四子,又名欧阳春,字铁如,号毅然,江西政法专科学校毕业。他和卢英瑰等在省城南昌读书期间接触了新思潮、新思想,与黄石子、干剑、宗先钟等青年加入了中国国民党。在西宁职业学校校长王枕心的帮助下,他们成立了中国国民党星子地下区分部,秘密从事革命活动,组织民众协助北伐军追击军阀军队。

1927年初,欧阳怀春和卢英瑰、黄石子、干剑等加入了中国共产党,成立了党支部,欧阳怀春当选为书记。这年十月,他们在林修杰等领导下,发起并参与了著名的"星子暴动",后被国民党当局通缉。

欧阳鹤峰反对儿子参加革命活动,父子俩经常爆发冲突。在党组织被迫转入地下的日子里,没有活动经费,黄石子等人常常吃饭都成问题,欧阳怀春便偷卖自家的谷子,还有妻子手上的金戒指,以换钱充当组织活动经费。欧阳鹤峰知道后大为震怒,对儿子加强了防范与管束⋯⋯不过后来欧阳鹤峰的态度有所转变,1928年初,敌人抓不到欧阳怀春,寻问其父欧阳鹤峰,欧阳鹤峰推说不知,当局便将他抓起来解往南昌关押,后经多方打点才获释放。日军侵华,1938年星子沦陷,欧阳鹤峰表现出了中国人的民族气节,拒绝为日本人当星子县维持会会长,日军恼羞成怒,焚毁了欧阳鹤峰乡下与城内20多间房屋,将其家财物抢掠一空。

欧阳怀春患有肺病,当局的通缉、东躲西藏的生活与紧张的工作,严重损害了他的健康。卢英瑰等战友牺牲后,组织被破坏,他与组织失去了联系,身体越来越差,1949年星子解放前夕,欧阳怀春不幸病逝,享年42岁。

钵盂山黄村 当地人习惯称钵盂山黄家。村子位于峰德镇与秀峰之间的钵盂山下,故称钵盂山黄家,村后有一座叫桃花尖的小山,小山后为著名的古寺万杉寺。钵盂山黄家始祖黄与诚率家人于明宣德年间(1426—1435年)由星子城郊迁入,至今已繁衍了20多代,因而村子较大,有百余户,1000多人。据族谱记载,钵盂山黄村历史上曾有二人中进士,其中黄云采还官至知府。

钵盂山黄家除了村子较大,出过知府,在现代史上黄村和它紧靠的钵盂山,还发生过两次有影响的历史事件,让人们记住了钵盂山与钵盂山黄家。

大革命时期,钵盂山黄家是中共地下党成员的隐蔽点,黄石子、黄益义等领导人常在村里落脚。1928年春,得知县政府派人护送粮款乘船(人称"红船")去南昌,这是一个夺取敌人枪支与钱款的好机会。船开的那天凌晨,黄石子、黄益义、胡明虎等率十多人带着刀棍摸黑从钵盂山黄村出发,赶赴城外湖边。天明时他们发现那只船停在离岸丈余远的水中,胡明虎纵身一跃跳上船,放下跳板,众人也冲上船,却发现是一只空船——原来情况临时有变。第二天一早,国民党当局派来的一营军队包围了钵盂山黄村,抓捕了很多人,对他们进行严刑拷打,有5位不幸牺牲。紧接着星子地下党领导人欧阳怀春、卢英瑰、黄石子、干剑等被通缉。这就是星子有名的劫"红船"和钵盂山流血事件。几年前,为纪念这次牺牲的烈士,人们在钵盂山腰建立了纪念碑。

钵盂山像一只倒扣的盂钵,在激烈的武汉保卫战外围战中,这座山岭平缓的小山曾一度吸引了世人关注的目光。1938年夏,日寇一〇一师团沿星德公路西进,中国军队凭借公路两侧的山岭顽强阻击敌人。钵盂山在星德公路以北,它与西南方的东牯山一北一南紧靠公路,成为扼守星德公路的天然堡垒。

星德公路阻击战防守东牯山和钵盂山一线的中国军队有第三十七军团的五十二师、一六〇师和一九〇师,三个师轮流替换,每师防守一周左右。8月20日,敌军攻陷星子城;23日,玉京山失守;25日,战火推至一六〇师防守的东牯山和山前的鸡头岭、桃花尖、钵盂山一线,这几处都是星德公路两旁的低山矮丘,其中以钵盂山为最大,海拔也不过100米,面积约0.2平方公里。在日军的猛烈攻击下,装备劣势的中国军队节节抵抗,双方反复争夺,阵地常常失而复得。

9月1日,日军一〇一师团在飞机、重炮掩护下,对桃花尖、钵盂山展开轮番进攻,守军工事全毁,一六〇师上校团长梁佐勋英勇牺牲。日军毙命400余名,不得不后退。下午,日军施放毒气,桃花尖、钵盂山守军全部中毒遇难,阵地才被日军占领。

梁佐勋牺牲后的第三天,一六〇师官兵在钵盂山对面的东牯山击毙了日军一〇一联队联队长、悍将饭冢国五郎。

撰稿:景玉川

海会镇

　　海会镇,位于庐山东麓,九星公路贯穿全境。面积56平方公里,所辖区域东界鄱阳湖,与都昌、湖口两县隔湖相望;南抵长岭,与星子县五里乡毗邻;西止五老峰,与长水堑过路亭分水为界;北至宗山岭北界牌,与高垅乡五星村接壤。辖海会、长岭、五里洲、甘棠铺、彭山5个行政村,1个镇林场,1个居民委员会;计70个村民小组,2个居民小组;共88个自然村,2369户,10441人。

　　海会镇历史沿革颇为复杂。中华人民共和国成立之前,海会镇地属星子县五老乡。1949年后,属星子县第五区,辖海会、长岭、沿湖、五洲等乡。1955年,撤区并乡,高垅并入,分设海会、沿湖、高垅乡。1957年,划归庐山综合垦殖场管辖,为庐山综合垦殖场海会分场。1958年撤乡建社,成立海会人民公社,隶属于庐山管理局。1960年,高垅公社并入,1962年又析出。1964年,两社再度合并为海会人民公社,1966年更名为东风人民公社。1969 年又划归星子县管辖,1970 年复归庐山管理局。1977 年,两社再度分设。1980 年 5 月,改隶于九江市郊区(后为庐山区,今为濂溪区),10 月恢复海会人民公社。1984年撤销人民公社,恢复海会乡建制。1992 年撤乡建镇,设立海会镇,仍属九江市庐山区管辖。2016 年星子县撤县建庐山市,海会镇复划归庐山市管辖。

海会地区水源充裕,土地肥沃,耕地面积 8601 亩,其中水田 7555 亩,旱地 1046 亩。林地 24000 亩,茶园 402 亩。鄱阳湖岸线 9.5 公里,渔业养殖条件优越,可供养殖水域达 2744 亩。境内多丘陵高岗,樟、杉、茶林密布,瓷土、花岗石、天然矿泉水等矿产资源丰富。同时,其属地风景秀丽,文化深厚,且多胜迹。

名镇有海会镇、汪家洞;古村有欧阳家湾、南畈项家、官殿陈家等村。

集　镇

海会镇　海会镇,俗称土楼镇,又称茶庵,1933 年改现名,为镇机关驻地。它位于庐山五老峰下,105 国道穿镇而过,南至星子县城 10 公里,北距九江市 30 公里,是一座历史悠久、交通便利、胜迹众多的江南名镇。

吴宗慈《庐山志》载:"杨梅桥东北、相辞涧之南为土楼镇。其地北至相辞涧、石牛山,西至挂灯台及海会寺,东尽大广湖,南达大排岭,西南至白鹿洞书院,四达之通衢也。"如立于海会镇开阔处，向西可见五老诸峰，危崖壁立，云蒸霞蔚；向东即尽览鄱阳湖的浩渺烟波与翩翩帆影。相传远古时代这里是汪洋大海，是秦始皇用赶山神鞭赶山填海，才成就了这一片美丽山川。因而至今庐山还能见99道鞭痕，一道鞭痕为一条川谷，99条川谷势向东海，"海会"即取百川汇海之意。

其实，海会镇山川形势并非始皇之功，其崖谷、奇石、灵泉，皆因造山运动的神功及第四纪冰川的遗迹。由于地层陷落形成之五老峰，立地顶天，壮伟雄奇，堪称胜景。当年李白感叹："予行天下，所游览山水甚富，俊伟诡特，鲜有能过之者，真天下之壮观也。"（《李太白集》）五老峰虽不及汉阳峰高，然诸多名士皆推五老峰为庐山主峰。吴炜《庐山续志》载赵石梁言："庐山之景尽于东南，故五峰奇绝，竟无有与之相抗者。谁谓匡庐无主峰也。"吴宗慈《庐山志》载："五老峰在含鄱口东北，牯牛岭东南，九叠屏西南，其南为星子县，北为九江县，庐山主峰也。"这备受推崇之五老诸峰，就像一爿金碧辉煌的屏风，护卫着海会古镇。

从古镇北端岔道向西北登山数里，便可达闻名遐迩的三叠泉。《徐霞客游记》这样描述："随涧东西行，鸣流下注乱石，两山夹之，丛竹修枝，郁葱上下，时时仰见飞石，突缀山间，转入转佳。既而涧旁路亦穷，从涧中乱石行，圆者滑足，尖者刺履。如是三里，得绿水潭。一泓深碧，怒流倾泻于上，流者喷雪，停者毓黛。又里许，为大绿水潭。水势至此将堕，大倍之，怒亦益甚。潭前峭壁乱耸，回互逼立，下瞰无底，但闻轰雷倒峡之声，心怖目眩，泉不知从何坠去也。"

　　从古镇向南行数里,便是我国四大古书院之首的白鹿洞书院。书院被群山环绕,北有后屏山,西有左翼山,南有卓尔山,山多古木,深邃葱郁。有泉自凌云峰来,名贯道溪,绕书院迂回向东,注入鄱阳湖。据《白鹿洞志》载:"白鹿洞者,唐李渤读书处也。初员元中,渤与其兄涉俱隐庐山,而渤养一白鹿甚驯,行常以自随,人称白鹿先生,而谓其居曰白鹿洞。宝庆中,渤为江州刺史,即在所隐地创台榭以张其事,而鹿洞遂盛闻于人矣。"南唐昇元年间(937—943年),始在白鹿洞"建学置田",称"庐山国学";国子监李善道为白鹿洞主,掌管教育,朱弼为助教。宋淳熙五年(1178年),朱熹知南康军,见书院已荒废埋没,便竭尽全力,重新修复,亲立洞规,亲临讲学,使书院得以重现生机。尔后,白鹿洞书院又几兴几废,直至中华人民共和国成立,特别是改革开放之后,得到重点保护修建,展示出她灿烂的文化光辉。如今,书院的建筑面积达6000平方米,著名景点有白鹿洞、枕流桥、独对亭、朱子祠、棂星门、礼圣殿、御书阁、文会堂等。

　　白鹿洞书院的文化之光,五老峰的雄奇险峻,三叠泉的千姿百态,使海会古镇风景无限,古往今来,引无数文人名士莅临探访,驻足流连。同时,附近清幽林泉也成为宗教圣地,海会镇周围曾散落许多寺庙和道观,只是历经岁月风雨和战乱,大都坍塌湮没,如今只剩海会寺仍屹立在五老峰下。

　　海会寺为山南的五大丛林之一,背五老峰,面鄱阳湖。原为海会庵,明万历四十六年(1618年)始建,后经兵燹,清光绪年间(1875—1908年)主僧至善募资在旧址重建海会寺。一时寺宇恢宏,有藏经阁三层,藏赵孟頫书《妙法莲华经》、心月和尚手镌《五百罗汉图》拓本、普超僧血书《华严经》。

普超血书《华严经》现藏于庐山图书馆,是庐山佛教文化珍品。普超,都昌县苏山乡人,俗姓戴。少为诸生,博通儒学,胸怀鸿鹄之志。他愤恨清政府腐败无能,痛感民族衰落贫困,发宏愿"劙(lí)掌血书"《华严经》80卷以表达愤懑。光绪十五年(1889年),普超"掩关闭户",殚精竭虑,蘸血精书,苦历四寒暑始成。然普超却因失血过多,溘然辞世,终年47岁。像普超如此一腔热血、精诚大愿,在佛教史上也是前无古人,后无来者。康有为、梁启超等都对普超法师的精神表示赞许和感慨。

"庐山军官训练团"部分成员合影

1933年,蒋介石在海会寺创办"庐山军官训练团",并在周边大兴土木,修建大礼堂、大会场、教室、宿舍、仓库、运动场、游泳池等设施。训练团训练各地的校级以上军官,历时近四年,共轮训 20000 余人。1938 年 8 月,日寇占领海会,海会寺及训练团营房设施大都为日寇所毁。抗战胜利后,海会寺虽经宏机、道慧僧竭力修葺,也只能略复旧观。至 50 年代初期,解放军福州军区在训练团原址修建伤病员康复疗养院,后该院迁至九江。1958 年,此地成为江西共产主义劳动大学分校,1961 年 9 月,周恩来总理亲临"共大"视察并与学生座谈,为这一宝地增添新彩。"共大"旧址后又历经改建师范学校等变迁,才逐渐寂寥,如今成了人们休闲探胜的旅游之地。

二十世纪二十年代海会寺与寺后五老峰

海会镇古时的街景不见记载,据吴宗慈 1947 年《庐山续志稿》载:海会兴办庐山军官训练团期间,集镇迅速发展,"有店房百余家"。1938年日军入侵,"毁其大半,今渐恢复"。二十世纪五六十年代的海会镇,虽无百家店铺,但依然颇具特色:星九砂石公路从街中穿过,两旁店铺民宅,铺前水沟流水潺潺,给山麓小镇增添了几分清秀与宁静。十多年前,星九公路改道从镇东绕过,原有的旧街遂变得冷落。海会镇现冠名"云雾小镇",新建的街市为另一番景象:高楼耸立,道路宽阔大气,有雄伟的"庐山东门"、政府办公楼、中小学教学楼、农贸市场、酒楼和住宅楼……

海会镇新修的"庐山东门"

汪家涧 汪家涧距海会镇3.5公里,是古代与近代九江经十里铺、吴章岭、积余桥、汪家坳,再经汪家涧、土楼镇至星子县的驿道。汪家涧还是海会地区唯一的水路码头,从鄱阳湖进入大广湖的商船,将瓷器、食盐、布匹等生活物资运抵此处,再上岸分销。由于商业活动频繁,汪家涧逐渐兴旺起来。汪家涧有一座精修的大石桥,一条石板铺成的小街。街上瓷器铺、铁匠铺、杂货铺、布店、肉铺、油坊等十几家店铺次第排开,人们熙来攘往,颇为繁华。

汪家涧北面小山上有一座古墓——但尚书墓(实际应称"主事墓",因但未任尚书),为明万历八年(1580年)庚辰科进士但贵元和其夫人李氏的合葬墓。但贵元,字仁甫,号襟春,星子县但家坳(今属温泉镇)人。曾任四川省富顺县知县,后升任南京兵部主事。据《星子县志》(同治版)载:但贵元"品行克励,大孚舆论",是当时一位颇具官声的名宦。但家坳与汪家涧相距数十里之遥,显赫名宦为何魂游异乡?这里有一个传说:不知是尚书遗嘱还是族人奇想,但贵元死后,并没有在家乡择吉地安葬,而是将其灵柩置于木排上推入鄱阳湖中,任其随波逐流,议定灵柩泊驻之地即墓址。木排顺流而下,至大广湖口,忽起东南风将灵柩悠悠送至汪家涧湖北岸小山旁。但家大喜,以为天择卧龙宝地,便与当地村民联系,取得同意后大兴土木,建墓立碑,墓园堂皇,近处还修有一座高大牌坊。据传自但尚书落葬汪家涧后,但家坳亦大吉大顺,人丁兴旺。只是如今墓冢已见盗痕,墓碑也已倾圮,后人只好用水泥草草修补,透出一派沧桑。

汪家涧因尚书墓而多了一道风景,被人传说了4个多世纪。1998年,长江发生特大洪水,沿湖田畴与村镇大多被淹没,因而由政府出资将湖边村镇进行大搬迁,汪家涧也整体搬迁至向西里许的环山公路旁。如今的新村,新楼罗列,粉墙朱瓦,一派新农村气象。而当年给驿卒邮差打尖歇脚的汪家涧古镇也就只能留在人们的记忆之中。

古　村

　　欧阳家湾　欧阳家湾,距海会镇3公里,有村民300余户,计1000余人,是九星地区最大的自然村。全村绝大多数为欧阳氏村民,还有少数陈姓、殷姓和廖姓村民。欧阳氏源远流长,星庐欧阳始祖欧阳载,为欧阳修仲父(实为堂叔),宋淳化年间(990—994年)进士,为秘书丞,真宗时拜监察御史,后任广南东路转运使,因足疾求知江州而定居星子沙溪。海会欧阳孟会为欧阳载十五世孙,明永乐年间(1403—1424年)由星子沙溪(今属蓼花镇)迁至海会甘棠铺卜居,后在庐山脚下得一冬暖夏凉之甘泉,遂掘泉结井,移居犀牛山(亦称骆驼山)下,至今已二十二世。星子人不习惯称复姓,大都称欧阳家湾为阳家湾。

　　欧阳家湾,背依郁葱的骆驼山,山溪绕村而过,村前一株千年古枫,枝柯婆娑。传说古枫为羁系犀牛或骆驼的神树,有了它欧阳家湾才得以永保平安。村民世代以务农为生,肥沃的田地和葱郁的山林养育着欧阳氏子孙。村民们勤劳、节俭、纯朴,尊祖重文,历史上有20多名裔孙获得过秀才以上功名。如:欧阳旦,字方升,明嘉靖四年(1525年)举人,曾任国子监助教,后迁任河南开封知府。欧阳永植,清嘉庆十四年(1809年)乡试第一,道光十九年(1839年)为贡生。永植幼年丧父,其母陈氏柔顺慈惠,夫逝后誓不再嫁,一边女代男耕、勤理家政,一边继夫遗愿、教子诵读,历尽艰辛,不辞劳倦。而永植亦勉承母训,锲而不舍,力学励行,苦历三十载始得课选贡生。为表彰陈氏贞节操守和教子有方,时任太守奉上谕赠匾额一块,上书"贞节可风"四个大字。此匾被其后人完好珍藏;二十世纪五十年代,仍见欧阳永植所立旗杆石耸立于村前。

欧阳世家素有"画荻"遗风,清光绪(1875—1908年)秀才欧阳荣星因苦读心竭,英年早逝。其妻项氏立家守节,潜心教子成才,被誉为贤母。谱载其"三九失偶,矢志弥坚;课子诵读,苦节难宣;功同画荻,志过宾延;母仪可式,懿范堪传"。因而其子存鑑虽五岁失父,仍能勤学苦读,于光绪二十二年(1896年)入泮,壬寅补廪,成为晚清最后的食饩秀才。先人的优良传统,后世得以继承。中华人民共和国成立后,欧阳家湾更有许多子孙笃学求进,颇有建树。参政者厅级、县级有之;执业者博士、高工、专家、作家有之;从教、从商、从武、从文之裔孙足迹遍布海内外,且均业有所成。

旧时欧阳家湾曾是穷苦山村,道路逼仄,房舍破旧;村民忍饥挨饿、吃糠咽菜亦是常事。改革开放,分田到户,乡亲始得温饱。随着国家经济的发展,人民生活的改善,旅游成为国民的迫切需求,风景秀丽的三叠泉逐渐成为游览观光的热点。因三叠泉山势险峻、乱石峋嶙,山路虽经修整,但游人需登高攀爬仍有不便,有的地方要一口气上900级石阶,因而常有老弱游客遭遇险情。欧阳家湾村民遇见,总是热情相助,或牵或扶,或抬或背,平安地将其送上送下。尔后,村民从中看到了商机,便买来藤椅,捆扎上竹杠,组成了欧阳家湾藤轿服务队,经工商注册,并订立了队规,认真规范地进行着旅游服务。30多年来,他们为游客排忧解难，自己也有了收益。中央电视台的旅游节目还对他们进行了采访。欧阳家湾逐渐摆脱了贫困，许多年轻人以轿队所获得的收入为资本，走出山村，走向城市，多项经营，全面发展，打开了一片大好前景。如今的欧阳家湾，新楼林立，道路平坦，不少村民拥有私家小车。

南畈项家 南畈项家，位于长岭北侧，濒临大广湖畔，历史上是一个人文深厚的著名村庄。然而，该村地处血吸虫疫区，吴宗慈《庐山续志稿》载："此流域中，南北两畈，共有腴田两千余亩，现已大半荒芜。询其故于乡人，据云，百年前此间居民二百余户，尚称富庶，嗣有大肚病为害，死亡渐众，田渐荒废。民国十五年后，有河南人百余户，移垦于此，未及二十年，死亡逾半，现仅存杨湖里村三家。"南畈项家正位于此流域的下游，疫情尤重，因而在多灾多难的历史沉浮中逐渐衰败，劫后余生的村民，则迁往向北半里许的高处居住，即现今的北畈项家。二十世纪三十年代，国民党政府曾计划将庐山军官训练团旧址改建为国立中正大学，并"拟将此南北两畈之农地收买，辟为农事试验场"，但了解情况后，闻"虫"色变，随即打消了念头。直至1957年，政府在此地建庐山海会园艺场，改水作为旱作，大量种植各类果木，才彻底消除了血吸虫病的危害。不过那个知名的南畈项家却除了留下几座古墓遗迹外，如今只有在"文化大革命"中被迫迁来的几户他姓村民散居于林木之中。

南畈项家已难寻旧迹，但因此村曾诞生过一位文化名人项家达而远近闻名。项家达，生于清乾隆九年（1744年），字仲兼，号豫斋，乾隆三十三年（1768年）中举人，三十六年（1771

年)中进士。也许是对这位出身于穷乡僻壤之进士的崇敬,至今九星一带无论妇孺都能说出许多有关他的传奇故事。说是项家达幼时非常愚钝,久不开窍,父亲在家中找条扁担横绑其后背,用荆条劈头抽打,小家达亦知侧身夺门而逃。于是,其父便延请先生教子课读,然数月认不得一字。父失望至极,背起家达欲投湖自尽,谁知走近一沙洲见有许多大雁脚印,小家达大叫:"个字! 个字!"父暗忖:罢罢,愚子总算能认字。又倾其所有再请名师施教。但是,家达仍然数年读不完一本《三字经》,气得老先生抓起砚台砸去,砚台尖角正中家达眉心,顿时流出一行黑血。岂知从此家达心智大开,天资毕露,学业神速精进,以致老先生连叹:"奇哉! 奇才!"就这样,数年后这个农家子弟24岁中举人,27岁得进士……这些传奇故事,自然是对项家达的神化,但项家达的学识与才能,却是有史可查。他中进士后,乾隆三十六年(1771年)入翰林院,授职编修。历官监察御史、提督山西学政、礼部给事中、光禄寺少卿、通政使司参议、太常寺少卿。乾隆帝屡次召见项家达,询问其家世,知实情后说:"耕读人家好。"又命他和《御制擒获台湾贼目庄大田诗》及《君子周而不比》五言排赋,诗成,左右皆称善。项家达出巡南北漕务时,因漕船私带木材,被议革职。不久,蒙皇上特旨,重新起用为刑部主事,提升山西司员外郎,安徽司郎中。历典试丁酉、甲寅两科河南副主考,乙卯科四川正主考,壬子科顺天乡试副主考,癸丑科会试等考官,充国史馆武英殿纂修官,四库全书馆提调官,四库全书荟要处覆校官,诰授朝议大夫。后因父丧,辞官还乡。卒于嘉庆二十一年(1816年)正月三十日,享年七十三岁。

官殿陈家 官殿陈家,位于长岭之北,尖山之西,距南畈项家不远,西行5里便抵达海会镇。因其曾任抚州府教谕的始祖陈官殿,举家卜居星子县栖杨党(即今海会镇)尖山下的兴隆庄,并在此发脉兴旺,后人便以发脉祖之名冠其村。现全村60余户,200余人,皆以种田务工为生。然历史上却有两位著名画家籍其村,他们便是元末明初被称为"大髯小髯"的陈汝秩、陈汝言兄弟。据载官殿陈家始祖陈官殿原居江西清江县(今樟树市),迁居星子后,到陈汝秩、陈汝言兄弟父亲时,自庐山徙居吴中(今苏州)。陈氏兄弟之父名陈征,字明善,有学行,人称"天倪先生"。

弟弟陈汝言,字惟允,号秋水,进士出身,富有谋略,倜傥知兵,却为人矜张。曾参与张士诚的政治军事活动,一度身势显赫,洪武初任济南经历,后官至兵部尚书。英宗时坐法遭诛,临刑前犹从容作画,人谓之画解。汝言能文善诗,有《秋水轩诗稿》存世,其诗自成一体,独具风格,多反映戎马生涯和胸怀志趣。如《从军八首》之七:"下马沧海头,磨洗刀上血。翻思杀敌时,奋勇肝胆热。丈夫身许国,此身久已决。生当树功勋,死当立忠节。"又如《兰》:"兰生深山中,馥馥吐幽香。偶为世人赏,移之置高堂。雨露失天时,根株离本乡。虽承爱护力,长养非其方。冬寒霜雪零,绿叶恐凋伤。何如在林壑,时至还自芳。"

陈汝言诗名虽显,但绘画造诣尤深。其远师董源,近宗赵孟頫、王蒙,作品行笔清润,构图严谨,意境深远。汝言又与王蒙契厚。相传王蒙知泰安时，其厅堂面对泰山，遂挂素绢于壁，兴来画上几笔，三年始成。其时适逢大雪，汝言过访，王曰："改此画为雪景如何？"却不得敷色之法。汝言沉思良久，曰："我得之矣。"遂用小弓挟粉笔弹之，粉落绢上，俨如万花飞舞，巧思奇绝。两人相视而笑，王蒙即题名为《岱宗密雪图》以赠汝言。松江张迁采闻悉往观，卧图下两日不去，曰："以为斯世不复有此笔也。"只可惜此图后因藏家失火而化为灰烬。

陈汝言画作传世不多，《历代著录画目》列有十种，分别是《慈母手中线小幅》《溪山秋霁卷》《荆溪图》《乔木山庄图卷》《百丈泉图》《山泉清胜图轴》《谿山仙馆图卷》等，其大部分藏于台北故宫博物院和美国克里夫兰美术馆。画上多有名人所题诗记，蕴含丰富的历史信息。如《荆溪图》，便有倪瓒长记和周砥、郑元佑、虞堪、王蒙、张经、王光大、陈植、张田、荆南樵人、陆大本、张监等诗题；《百丈泉图》左上有小字自题："至正庚子正月二日，庐山陈汝言写"。

陈汝言兄陈汝秩，字惟寅，性嗜古，诗画虽与弟齐名，但性情却与弟大相径庭。汝秩"安贫静退，视其弟之赫奕，若弗闻也"。明初虽以人才征召赴京，却以母年迈孤独需要供养为名，不肯出仕，甘过清贫生活。其诗作《次徐良夫谢云林倪处士耕云王照磨韵》传神地反映了他的理想情操和处世态度："清游太湖上，木落洞庭秋。阅时事如梦，飘然秉钓舟。青峦映西照，白鸟随东流。投竿不在得，意倦且复休……坐我南窗下，群书堆案头。秉烛读其辞，嘉言慕纂修。共饭莼鲈美，既饱有何求。已绝城府念，将从鹿麋游……"而倪瓒诗《赠惟寅陈汝秩高士》

更能体现汝秩那洒脱不羁的隐士性情："隐几方熟睡，故人来扣扉。一笑无言说，清坐澹忘机。衣上松萝雨，袖中南涧薇。知尔山中来，山中无是非。三十不娶妻，四十不出仕。逍遥岩岫间，翳名以自肆。何曾问理乱，岂复陈美刺。高怀如汉阴，终老无机事。"汝秩著有《庐山诗集》传世。而汝秩的画作却世不多见，唯有其绘赠倪瓒的《清閟阁图》饱经战火与动乱，历600余载，仍笔墨清润，气度非凡。画作的款识和题跋也很珍贵。汝秩自款："至正壬寅秋八月十八日过访云林（倪瓒号）老友，因出素纸命予作此，率尔点染并系小诗，大方不值一哂也。斜日新凉宿雨收，相逢蒋诩在南楼。偶然弄笔阑干畔，为写江湖落木秋。汝秩顿首。"画上，古今画家的诗文题识也有20余款，当代就有潘天寿、程十发、来楚生、黄胄、刘海粟、陈大羽、赖其少、启功等画家的墨迹，这些题识或对两位当事人赞誉，或对此画评介，使此画的内涵更为厚重，文化信息更为丰富。

陈汝秩、汝言兄弟虽性格迥异，但均一生秉持孝道，他们对老母亲照顾得无微不至，即使逢战乱居无定所也不改初衷。他们的仪范对官殿陈家村的村风有很大的影响，村民们都看重忠孝仁义。清光绪年间（1875—1908年），村里有一位孝子叫陈作仁，母在世细心奉养，母亡后搭草棚守墓三年不归家，时任星子的代理知县，赠送上书"国家祥瑞"4个大字的匾额一块，以彰其行。

撰稿：欧阳祖照

高垅乡

　　高垅乡,位于庐山东麓,鄱阳湖西岸,九星公路穿境而过。乡境东濒鄱湖,西倚庐山,南连海会彭山村,北接威家九星、积余村,面积40平方公里,辖6个行政村,56个村民小组,67个自然村,2308户,计9534人。

　　中华人民共和国成立前,高垅地域分属星子县积余、五老乡。中华人民共和国成立初,分属星子县第五区积余、高垅、九星、青山、九星等乡。1952年调整后分属大桥、青山、高垅、九星等乡。1956年区乡合并,分属海会区沿湖、九星乡。1957年,划归庐山管理局所辖庐山综合垦殖场海会分场。1958年撤乡建公社后隶属海会人民公社。1959年成立高垅公社,次年又并入海会公社。1962年复分设,1964年再度并入。1966年海会公社更名东风公社。1969年复归星子县,1970年又隶属庐山管理局。1977年两公社再度分立,高垅公社与青山垦殖场、庐山水产场社场合一,1979年社场分离。1980年5月隶省辖九江市郊区（后为庐山区，今为濂溪区）。1984年恢复高垅乡建制，仍隶属九江市庐山区。高垅乡东部为鄱阳湖冲积平原，诸多子湖伸入，平坦开阔，是庐山区水稻主产区之一。中西部横亘庐山东麓余脉，丘陵起伏，是庐山云雾茶主产地之一。全乡有耕地5965亩，其中水田5216亩，旱地749亩；有林地25500亩，其中茶园395亩；可养水面1900亩。

集　镇

高垅　高垅，为高垅乡政府机关所在地。在庐山环山公路通车以前，九星公路穿镇而过，是九江至星子途中经过的威家、高垅、海会、五里牌等几个重要集镇之一。同时，历史上高垅也是从庐山至姑塘、至青山古镇的必经之地，吴宗慈《庐山志》载："由小天池山东下，越小天池堡垒之右崖……为王家坡水（亦名白沙河）。……再东为长岭（北长岭，编者注）、长岭脚下吴家墩，皆循涧之东行，越涧经高垅陈家（即石涧陈）、铁芦埂王家（即界牌石，九、星分界）。由此陆路至姑塘八里许，水路，小舟渡谷山湖，行一小时至姑塘。东南望蛤蟆石、星子县境；东北望大孤山、九江县境。"可见，自古至今高垅便是四通八达的交通要冲，是这一带政治、文化、商贸等活动的中心。

高垅背倚庐山，面向鄱阳湖，境内丘陵罗列，田畴肥沃，其优美的风景、厚重的人文史迹吸引了许多游人。从高垅沿平坦山径逶迤西行，便是碧龙潭景区，巨石横斜的白沙河从深谷蜿蜒而下，清澈的泉水在巨石间跳跃涌动尽情奔泻。如今，这白沙河的一段已被开发为漂流河道,因而这里已是九江市民及周围群众节假日休闲、漂流、登山的好去处。

关于碧龙潭,有一段文化佳话。庐山名瀑众多,东有三叠泉,南有香炉瀑布,西有石门涧,唯山北无名瀑。1930 年,清末"四公子"之一、著名文人陈三立来到庐山,时年 77 岁。闻 10 年前一西人在王家坡发现一瀑布十分壮观,只因人迹罕至、道路艰险至今默默无闻。于是,陈三立不顾年事已高和家人劝阻,毅然在樵夫的搀扶下一探碧龙潭。当其见峰峦间两道银练飞泻而下,如同两条蛟龙在云雾间嬉戏,时开时合,最后跌入碧潭,溅起水珠万千,他惊喜不已,不忍离去。20 天后,他又带上勘察人员和石工二探碧龙潭,抵达后他一面让人勘察设计修路方案,一面精选两块大石书写"洗龙碧海"和"憩石挹飞泉"的题词让石工精心镌刻;并在"憩石挹飞泉"的边款注:"王家坡泉石之胜冠山北,而径路翳塞,阻绝人境。近十载前,海客始发其秘。庚午八月结侣来游,导者杨德洵、颜介甫。趺坐双瀑下,取康乐句题记。散原老人陈三立,时年七十有八。"

三立老人三探碧龙潭,是由其好友、佛学大师欧阳竟无陪同。竟无先生既为眼前的胜景所折服,更为老人的探索精神所感动,便提议碧龙潭取别号"散潭"(或取散原老人珍爱之潭意),但三立老人笑拒:"如此天工之美,老朽安敢擅夺。"此后,老人便四处募集款项委托管理局局长代为修路、建亭。逾半载,山道通,秀亭立,亭曰"听瀑"。当三立老人四探碧龙潭、面对这焕然一新的美景美亭时,心情激动无比,返回后撰写了《王家坡观潭》诗,还撰写了《王家坡听瀑亭记》刊石立于亭旁。这些诗文为高垅增添了文化光彩。

除了王家坡、碧龙潭，由高垅东行，是千里鄱阳湖的入江大通道，散落着诸多历史遗存和文化景点。这里可东望朝霞里的大孤山，可探寻青山古镇遗迹的唐风宋韵，还可近观湖岸坍塌的蛤蟆石。俗谚云："（蛤蟆石）坐星子，吃都昌，屙屎壅九江。"这本是戏谑的民谚，可1979年蛤蟆石被人用炸药炸成了两节，毁了这雄踞万年鬼斧神工的天然巨石，让人唏嘘不已。而谷山湖与青山湖，却曾是血雨腥风的古战场，当年的刀光厮风、樯帆蔽日，积淀了多少警世明心的历史故事，让人回味、怀想。

青山古镇　青山，是鄱阳湖畔的一座半岛。《舆程记》载：（湖口）"县南六十里鄱阳湖中有青山，又六十里即南康府城，由湖口出南昌，为往来必经之道。"又明代史学家桑乔在《庐山纪事》中记载："青山在大广湖东，湖涨则在水中央，其上有桃花庵。庵多碧桃花，故以为名。"青山古镇坐落在青山东侧，离高垅5里，历代都属南康府管辖。因古镇位于鄱阳湖入江段要冲，又是个天然避风港，所有从湖口进入江西的货船客船都必经青山水域，故古镇便成为入赣行旅及各类物资，尤其是食盐的重要集散地。清《盐史》载：盐船溯江而上至九江，过湖口，行至大姑塘，"停泊青山处纳税"。故当时著名的淮盐进入江西，只有很少部分从长江直接运抵九江，供应九江、瑞昌、德安、永修几个县域；绝大部分盐船均需到古镇停泊并勘验纳税，然后由鄱阳湖逆水而上，走五大支流运至全省各地。

由于地理位置，青山集市比星子立县还早。早在唐代，青山就是鄱阳湖流域有名的商贸集镇，至明清两代最为鼎盛，朝廷在青山设立长岭巡检司,管理青山镇及周边市镇,驻有军队。古镇人口多达数万,街道依山沿湖而建,长达数里,店铺、商行、钱庄、米市、鱼市、盐市、茶馆、客栈等应有尽有,各地的会馆亦先后设立,烟馆、青楼等烟花柳巷也应运而生,其繁华程度堪比南康府城和九江。

　　古镇商贾云集,熙来攘往,茶酽酒香,笙歌盈夜。其间自然少不了文人墨客的身影,正是他们的抒情墨迹记录了当时古镇的市井繁华和世俗风情。尽管历经千年沧桑,许多诗文连同繁华古镇一同湮没于历史烟尘之中,但仍留下晚唐诗人赵嘏和清代诗人江昱的数首诗词,从中可依稀寻古镇旧迹。赵嘏(806—853年),字承佑,楚州山阳(今江苏淮安)人,唐武宗会昌四年(844年)登进士第,与杜牧相交很深,因其诗《长安秋望》中一句"残星数点雁横塞,长笛一声人倚楼"而被人称为"赵倚楼"。赵嘏仕途不顺,好交友,尤喜交结僧道,曾在庐山盘桓日久,多次游历青山,对青山有很深的感情,《全唐诗》收录其200多首诗中就有4首是写青山的。他在《发青山》诗中写道:"凫鹥声暖野塘春,鞍马嘶风驿路尘。一宿青山又前去,古来难得是闲人。"此诗似乎是记述诗人乍到青山、掸尘一宿,又鞍马驿路的匆匆行程。他在《李侍御归炭谷山居同宿华严寺》中写道:"家在青山近玉京,日云红树满归程。相逢一宿最高寺,半夜翠微泉落声。"在写给青山驿馆刘巡官《赠馆驿刘巡官》诗中这样描述:"云别青山马踏尘,负才难觅作闲人。莫言馆驿无公事,诗酒能消一半春。"赵嘏已俨然青山人了。他的《岁暮江轩寄卢端公》更是写出了他客阻青山的惆怅心情:"积水生高浪,长风自北时。万艘俱拥棹,上客独吟诗。路以重湖阻,心将小谢期。渚云愁正断,江雁重惊悲。笑忆游星子,歌寻罢贵池。梦来孤岛在,醉醒百忧随。戍迥烟生晚,江寒鸟过迟。问山樵者对,经雨钓船移。敢叹今留滞,犹胜橐别离。醉从陶令得,善必丈人知。道塞才何取,恩深剑不疑。此身同岸柳,只待变寒枝。"长风高浪,万艘拥棹,雁悲云愁,赵嘏羁旅青山,在聊忆旧游的同时,深感身在异乡、形同岸柳的悲凉。今天,我们仍能从这些精彩的诗句中寻觅和体味到唐代青山古镇那些文人骚客、商贾仕人以及大众庶民的生活痕迹和心路留影。

清代诗人江昱的《青山夜泊》,读后却令人有另一番感慨:"夜定收帆葭苇际,鸥梦惊回,扑簌深丛里。月上潮生凉入袂,蓬窗酒人无寐。隐隐钟声何处寺,响答空山,遥度空江水。何必天涯萦旅思,初程谙尽凄凉味。"依然是帆收潮生,依然是酒窗明月,那隐隐寺钟何只是"响答空山"……

古镇虽已消失,但古镇所在地的庐山青山垦殖场已制订出了一个恢复青山繁荣的完整计划,在大力发展水产养殖业、立体农业的同时,发展文化旅游业。他们将努力挖掘青山古镇的文化积淀,让覆盖在历史尘埃下的古镇和遗落在道旁山角的唐砖宋瓦,向游客讲述千年古镇的昔日风韵与华夏文明的源远流长。

古　村

破屋张家　西距高垅里余,有村民近百户。村舍新屋由东而西次第展开,形成一个狭长的村落。村后有一条由白沙河分流下来的山溪,溪水清澈,在浣洗村姑的嬉笑声中汩汩东去。溪北岸是一片肥沃的田畴,历来为张家的养生土地。这是一个富庶而兴旺的村落,却名冠"破屋张家",颇让人不解。据说本为书香传世的张氏家族,历史上曾出过一个不肖子,他嗜赌成性,且多劣迹,田地败尽后,连村前的水塘也输给了他姓,直至一次大火将张氏大部分民居焚烧殆尽。为警示后裔接受教训、继承家风,家族便将村名改为"破屋张家"。此后,破屋张家代代子孙谨记家训,克己笃学,勤勉立业,因而名士时出,而最知名者要数张国猷。

张国猷(1904—1951年),中学肄业后,与表兄弟结伴赴广州考入黄埔军校第三期,时年20岁。1926年毕业,历任国民革命军排长、连长、副营长等职。抗日战争爆发,张随部北上参加徐州会战。1938年5月,调入薛岳第一兵团之七十四军,任五十一师一五一旅三〇二团团长。在著名的万家岭大捷中,张国猷率三〇二团与日寇一〇六师团主力浴血奋战。

1939年8月,七十四军在宜春整编中取消旅建制,张国猷改任五十一师一五二团团长;9月,即随部参加"高安会战"(第一次长沙会战)。1941年3月,"上高会战"开始,七十四军五十一师与日军池田旅团激战,张国猷一五二团在狮子岭与敌血战,打得非常英勇,战斗中张国猷小腿、右手臂、肩部多处负伤。张国猷因此次战功擢升为五十一师副师长。

1941年底,张国猷因伤病及奔母丧而脱离军职回归故里。次年接任已沦陷的星子县县长一职。在尔后的几年里,他领导

"星子县抗日游击大队"对敌作战,并亲自带兵一次在鄱阳湖上捕杀 5 名日本巡逻兵,两次成功伏击日寇,还积极协调和参与寺僧和游击队从日寇占领地抢救出栖贤寺藏古画《五百罗汉图》。

1944 年 8 月 17 日,飞虎队一架重型轰炸机在轰炸武汉日军后被敌炮火击中,9 名机组人员跳伞降落在现庐山西麓金桥村孔家山一带,当地抗日游击队和群众立即将他们抢救护送至庐山坳。为护送这些飞行员到安全地点,县长张国猷制订周密计划,让游击队趁夜下庐山,偷渡鄱阳湖,将飞行员送到设在都昌杨家山的星子县流亡政府。飞行员抵达时,当地百姓张贴标语、燃放鞭炮、夹道欢迎。张国猷又在家中热情接见飞行员,对他们不顾生死、打击日寇、救我国难的行动表示由衷的感谢,并遵嘱在一张白纸上由翻译代笔用英文写下"危难之时见英雄"

被营救的美国飞行员在星子合影

的留言、盖上私章交飞行员留念,随后又与飞行员和救护人员合影。经过短暂休整,他又安排轿夫、翻译及 30 名武装人员护送飞行员至乐平,再经余江、万年抵赣州,登上第 14 航空队派来的飞机。前后辗转 28 天,美国飞行员们安全到达桂林基地。为表彰这次成功营救,国民政府第三、九战区长官司令部奖励星子县流亡政府 7 万银圆。1945 年飞虎队陈纳德将军还奖给张国猷一枚铜质奖章。

1988 年和 1990 年,获救飞行员泰德·凯文尼两次重返庐山,他老泪纵横,振臂欢呼"我的再生地——庐山,我回来了!庐山,我心中的香格里拉!"在九江,他见到了张国猷夫人和当年翻译陈焕文的夫人,他紧握着她们的手激动地说:"我的第二次生命是中国人民给的!"

撰稿:欧阳祖照

温泉镇

　　温泉镇位于星子县中部,北依庐山,东北与白鹿镇、东牯山林场相连;东临鄱阳湖,可遥望县城;西接庐山区(今名濂溪区)通远、九江县马回岭镇;南边与本县横塘镇、华林镇、蓼花乡接壤。温泉镇由原隘口镇①与原温泉镇于 2001 年 11 月合并而成。隘口镇与温泉镇,在 1949 年以后同属第二区。1958 年人民公社化时期分别称隘口公社和温泉公社。1985 年改称隘口乡、温泉乡。1995 年隘口乡撤乡为镇,1999 年温泉乡撤乡为镇,后两镇合并。新镇政府驻地隘口镇原所在地陈家嘴,又称隘口街,距县城 18 公里。合并后的温泉镇下辖温泉开发区社区、隘口村、西洲村、东山村、钱湖村、板桥山村、新塘畈村、通书

---

　　① 原隘口镇位于星子县西部,庐山南端。105 国道过境。九(江)隘(口)公路在此终点。1950 年境内分属隘口、栗里、灰山、观口等乡,1958 年设隘口公社,1968 年与横塘公社合并,仍称隘口公社,1973 年从横塘划出,1984 年改隘口乡,1992 年建镇。全镇面积 54.7 平方公里,比温泉镇稍大,人口 1 万,辖隘口、庐山垅、观口、西洲、通书院 5 个行政村,镇政府驻陈家嘴,距县城 18 公里。

院村、庐山垅村9个行政村（区）。全镇总面积104平方公里，共有133个自然村，2.8万余人，现有耕地面积17689亩。

温泉镇以农业生产为主，主要生产水稻、油菜，经济作物有花生、芝麻、棉花等。旅游业兴起后，温泉开发快速升温，一度成为经济热点。温泉镇非金属矿产资源也较丰富，花岗岩、石英石、长石、砂石等矿藏品质好、量多。其中长石富含钾，用于工业制造陶瓷、玻璃及搪瓷，是景德镇烧瓷制釉的上好原料，一度主要销往景德镇，当地村民很早就从事开采。

温泉镇交通便利，105国道、星德公路、归（宗）横（塘）公路均从境内穿越。有公路连通昌九高速，温泉镇在星子县率先跨入高速公路时代。高等级的环庐山大道宽阔、平整，方便大量的游客在温泉洗浴、度假、观光，每年冬季庐山旅游进入淡季，这里的生意却特别火爆。温泉镇因为依山傍湖，所以兼具山区、湖区与丘陵特点，山水资源与人文胜迹丰富。境内有归宗寺、简寂观、玉帘泉、王羲之洗墨池、杏林遗址、谢灵运翻经台、虎爪崖、陶渊明醉石、东林大佛、天下第一泉等诸多名胜古迹，星子县著名的风景名胜区归宗景区、康王谷景区都在温泉镇境内，全镇森林覆盖率达59%。温泉水质优良，素有"江南第一温泉"之美誉，温泉镇也因此得名。

集镇有沙洲吕、隘口街、钱湖街等；古村有观门口、栗里陶、康王谷等。

集　镇

沙洲吕　沙洲吕也叫沙洲吕家，紧邻归宗寺，沿归（宗）蛟

（塘）公路下行一公里左右即到。沙洲吕原为单一吕姓村庄，1949年中华人民共和国成立后，由于地理位置好，这里先为第二区区政府驻地，后成为乡、公社、镇政府所在地。沙洲吕家从自然村逐渐演化为一个远近闻名的集镇，成为原温泉镇（乡）的政治、经济、文化交流中心。据族谱载：明永乐二年（1404年），吕昌开率家人从永修上香莲垄迁入，遂成吕姓村庄，从明代繁衍至今，全村已有70多户，400余人。

沙洲吕位于庐山汉阳峰南一片难得的开阔平畴上，人称新塘畈。平畴南向可达鄱阳湖边的钱湖街，村庄东邻来自庐山石镜溪与鸾溪合流的溪涧钱家港，西靠归宗通往蛟塘的公路。沙洲吕村在公路与溪涧之间，地势平坦开阔，有山有水有公路，刚好处在整个温泉乡区域的中心，且风景秀美，交通便捷，还有一幢数进的祠堂式大屋可容纳机关团体办公，是十分理想的乡镇政府驻地。

这幢数进的建筑原为吕姓大户吕少府家所有，土地改革后充公，成为区工作队和乡政府办公处。建筑面积很大，一进数重，房屋似徽派建筑，二层砖木结构，两边高高的风火墙，有天井、厅堂、楼上下厢房，还有后院。整幢建筑可容纳百余人食宿，是这一带乡镇少有的大院落。

自成为区（乡、镇）政府驻地后，沙洲吕迅速发展起来，开始有了小街，继而街市扩大，并渐渐繁华。小街呈东西走向，与公路组成"T"形。街虽不长，却笔直平整，屋舍俨然。吕姓村民的农舍都在东部，近公路的西部则主要是公家单位，有乡政府、汽车客运站、农机修理厂、供销社、百货商店、邮电所、营业所、兽医站、乡医院、中心小学等。二十世纪七十年代新建了乡政府办公楼和大礼堂,原办公地则为乡中心完小所有。整个沙洲吕建筑有序,地面干净,两边绿树成荫,给人印象颇佳。

由于地势平坦宽敞,乡政府大院前后空场常常成为放映电影的最佳场所。二十世纪六十年代至九十年代末,每隔些日子,公社(乡)放映队都会在办公楼前的大树上挂起银幕,远近的村民都会赶来看电影,这时的沙洲吕人声鼎沸,如同节日。放映场地银幕正反两面都挤满了人。大人们呼儿唤女,小孩子东奔西跑。年轻人更是兴奋,无论白天多么劳累,路途多么遥远,都要呼朋唤友结伴而来。这场景成为那个特殊年代沙洲吕独有的一道风景。

人民公社时期,温泉有两个社办企业办得十分红火,一是设在鄱阳湖畔的砖瓦窑,一是沙洲吕村后的石英矿。温泉镇非金属矿产资源丰富,花岗岩、石英石、长石、砂石等矿藏品质好,沙洲吕村后的温泉石英矿实际上是一个选矿和加工矿石的场所,其中最多的产品是长石。远近村民们将采挖到的长石肩挑背驮送往沙洲吕,在石英矿里过磅领钱;石英矿工人则把矿石精选分类,磨成石粉装袋,前来运送石粉的大货车络绎不绝,为沙洲吕增添了一景。沙洲吕村人自然近水楼台先得月,很多年轻人都想进石英矿。

2001年,温泉镇与隘口镇合并,新温泉镇镇政府搬迁至隘口镇镇政府所在地,后又在附近新建了办公楼。沙洲吕从乡政府驻地重新成为一般的村庄,渐渐由繁华回归昔日的平静。

隘口街 距原温泉疗养院附近不到2公里的范围内,有三处"隘口街",分别为:1945年以前存在;1959年后形成;2012年才出现。

隘口街因地处关隘而得名,其名早就存在。清代隘口一带属九都,《星子县志》(同治版)称"九都隘口市",有店铺百余家。星子通往德安的古驿道由此经过,并设有驿站,后是小集市,渐渐扩大。毛德琦于康熙五十八年(1719年)所撰《庐山志》引明《桑疏》称:"隘口者,匡(庐)南之西道也。路由庐阜、黄龙两山之间,山对峙如门,初甚隘,过此则豁然平畴,故谓之隘口。"清初著名诗人翁方纲过此,曾作一首20行长诗《隘口》:

> 匡庐界黄龙,渐入遂阒深。
>
> 平畴郁修广,初日荡云岑。
>
> ⋯⋯
>
> 但坐掬石泉,溪回鸣玉琴。
>
> 岩幽虎心善,远吹来杏林。

民国二年(1913年)绘制的地图上,隘口街作为集市标志于图上。1933年在原驿道上拓宽修筑星德公路,公路仍由此通过。

1938年武汉保卫战中,中、日两国军队在星德公路两侧激战。日军为打通星德公路,沿途狂轰滥炸,隘口街未能幸免。吴宗慈1947年成书的《庐山续志稿》云:"隘口乃星子德安二县之通衢,旧有店屋百余家,商业颇盛。战时沦为战场,只余瓦砾,胜利后建茅屋若干。"1948年后公路向南偏移数百米,原来繁华的街市沦落为小村,没有东山再起的希望。但旧街有一口古井仍一直被后人珍存。古井被称作甘泉,《南康府志》(康熙版)称:"有甘泉在隘口通衢。"

旧隘口街古井

　　第二个隘口街在星德公路与 105 国道交会处,距老隘口街不过 2 里左右,原叫陈家嘴。因当时这一带地多人少,1958 年政府动员蓼花乡村民陈德云等 9 人迁居于此开荒种地。1958 年隘口公社(乡)成立,乡政府设在此地,这里也因之发展为集镇,成为乡政治、经济、文化中心。据统计,二十世纪八十年代初,镇上非农业人口(吃商品粮)就有 300 多人。又因为与 105 国道相交(庐山南山公路从这里与国道重合),有利于集市的发展。2001 年温泉、隘口两镇合并,镇政府又设在这里,繁华又进了一层。除当地的老人,一般人渐渐忘却了有数百年历史的老隘口街。

2011 年,东林寺在离第二个隘口街偏西北 2 里左右的乌沙垅建静土宛,立 48 米高东林大佛。有关部门又新辟了两条更宽阔的公路,交通的便捷和新景点的出现,给当地带来巨大的商机。2012 年,随着东林大佛工程的完工,这里诞生了一个新兴的街市。静土宛四周建起了鳞次栉比的商铺、旅店与民居,温泉镇政府新的办公大楼也移向新兴的街市。来自天南海北的游客与车队通往新隘口街,新隘口街生机勃勃,每日里车水马龙,生意兴隆,热闹非凡。1958 年诞生的隘口街开始被人冷落,街虽在,但已狭窄、残旧,似入暮年。

这不由使人想起一句老话:"其兴也勃焉,其亡也忽焉。"一个朝代如此,一座城、一处集市,也是如此。

钱湖街 钱湖街又称钱家湖市,因南宋诗人钱闻诗曾任南康知军,离职后归隐于此而得名。现在街市消失,成了一处村庄——钱家湖村。

钱湖街曾是远近闻名的水陆码头,濒临鄱阳湖,旧志称它"去县西南十里",是星子通往德安、南昌古驿道的必经之地。春夏水涨,钱湖港码头客、货船云集;秋冬水退,客商行人可步行穿越十里湖滩,往来于县城。一条溪涧傍钱湖街而过,它源于庐山山南洪山洼,后合鸾溪、石镜溪之水,流经东山村、新塘畈村、钱湖街汇入鄱阳湖,被称为钱湖港。

钱家湖是星子城西南一大湖湾,三面环山,一面临水。丰水季节,汪洋一片,为天然避风良港;枯水时期,洲滩袒露,绿草如茵,这里又成为村民放牧猪牛的好牧场。

清代中叶星子全县划为七党九都,每都、党各有市,其中清风党(乡)就设钱家湖市。钱家湖市有主街和岔街,主街呈东西走向,街中段则分出来两条岔街。鼎盛时期,小镇南杂百货商铺齐全,歌楼酒肆顾客盈门。1934年星(子)德(安)公路修通后,水运虽较前冷落,但那个时代汽车少,走公路要多绕十多里,所以人们与一般的商客往来仍然取道钱湖街,故钱湖街仍不失繁华。据老人们回忆:抗日战争前,钱湖街依旧热闹,数百米长的主街上仅布匹店就有十几家,肉铺近十家,呼喝叫卖声不绝于耳,旅店灶里不熄火,街上半夜有行人……

兴盛千百年的钱湖街最后毁于日军的炮火。1938年武汉会战外围战中,中国军队在星德公路两侧节节阻击日军,紧邻钱湖街的东牯山(最高峰海拔540米)成为惨烈的战场。日军的飞机将山岭炸得土石翻飞,中国守军五十二师、一六〇师、一九〇师顽强抵抗,鲜血染红了山岭,最终滞缓了日军的进攻,保障了"万家岭大捷"的成功,守军还于东牯山山腰击毙了日军悍将饭冢国五郎。

钱湖街集市的衰落始于现代公路的出现和水运的冷落,彻底消亡于日本侵略者的狂轰滥炸。旧街喧闹的市声虽已被人遗忘,但残存的旧迹依然处处可见:三五家门板倾斜的老店、旧街光滑的石条、古码头渡口……无不留存着往昔繁华的记忆。

二十世纪七十年代初,人们在湖湾上建了圩堤,堤内低洼处养鱼,高处为田。钱湖港贯穿钱湖村,溪水清澈,浇灌两岸良田。钱湖街多低山矮丘,大岭是最高峰,海拔199米,东濒鄱阳湖,站在峰顶看鄱阳湖日出日落,非常壮观。夏秋风和日晴,站在堤上东望,鄱阳湖水天辽阔,星子城、落星墩、邻县都昌的沙山清晰可见。

钱湖街现为钱湖行政村,下辖钱家湖、熊家榨、段家湾、饶家畈、上垄游、下垄游、桥下湖、桥下傅、徐家榨、巷口李、帅家窑、李渤垄、何家岭等自然村。1998 年特大洪灾,滨湖村落大多受灾,灾后国家对每户灾民补助 1.5 万元。第二年 2 月钱湖中心村建成。新建的中心村村舍整洁、宽敞、实用、气派,是往昔低矮的农村土屋不可比拟的。

钱家湖因钱闻诗得名。钱闻诗(1133—1214 年),1182 年任南康知军,由于酷爱这里的山水和便捷的交通,离任后他偕家人退隐此地,逝后亦安葬于此。由于他是名人,钱家湖、钱湖街、钱湖湾皆因他而"姓钱",钱闻诗也成为星子钱氏家族的始祖。元末战乱,钱氏后人为避乱迁往西北大鹿湾、观口一带。钱家湖村现在已无钱姓村民,但留下了一座座钱氏祖坟。

观音塘市　但家坳　五柳铺　观音塘市在隘口街西 10 里左右,《星子县志》(同治版)载:"九都观世音塘市,去县四十里。"二十世纪修观音塘水库被淹没,集市遂废。

《星子县志》(1990 年版)云:隘口街西、星德公路南但家坳,过去也是一路口,曾有店铺数家。

五柳铺也在隘口西,二十世纪五十年代,曾设供销社于此。以上三处集市,均已不存。

古　村

观门口　观门口村位于通往著名道观简寂观的群山门口,

所以人称观门口。观门口实际有几个村庄,离简寂观最近的有郭村,离公路最近的则为熊村,熊村守卫在大山门口,故人称观门口熊家。这两个村庄都较大,观门口熊家村子最大,村里熊姓居多,据熊氏宗谱记载,清康熙年间(1662—1722 年)熊之榜率家人由新塘畈迁此定居。加上后迁进来的张姓、邹姓人家,子孙繁衍,全村现有 70 余户,500 多人。郭村紧靠简寂观,据家谱记载,郭村始祖郭可都、郭可赞兄弟俩于明永乐二年(1404 年)从吉安吉水沟搬迁至此(一说从九江县)。二十世纪八十年代初郭村有居民 25 户,140 多人。郭家和熊家都算庐山山区中的大村落,原属东山大队,现属东山行政村,与白鹿镇秀峰行政村相邻。

观门口群山环抱,中有块块小片盆地及梯田,村后左为金鸡峰,右有鸡笼山。鸡笼山山形奇特,山形浑圆,像一个硕大的扣鸡鸡笼。再往后便是庐山连绵的山峰,层峦叠嶂,山清水秀,一道清溪从群山间流出,溪两岸田园村舍,竹树野花,春兰秋桂,桃李争艳,宛若图画。故唐著名诗人顾况写诗描绘道:"青嶂清溪直复斜","向晚春泉流白花"。

观门口熊村前为一片较大的平畴,一直连接归宗与新塘畈,星德公路从平畴间穿过。乘车沿新修的村道上行,经熊村、郭村则可到达简寂观。

简寂观曾是江南道教的中心,中国道教里程碑式的人物陆修静就在这里传教修道。陆修静是三国东吴丞相陆凯的后人,他年轻时舍弃妻子,遍访名山修仙慕道。南朝宋大明五年(461 年),他到庐山,并在此建太虚观,一待就是七年多。后南朝宋明帝要他去京城(南京)讲学,几年后病逝于南京。他逝后,谥赠"简寂先生",太虚观也因此改名简寂观。陆修静在简寂观整理道家经典,制定道教仪规,建立了全国最大的道教藏书馆,后世有无数名人前来寻访、凭吊……简寂观如今已经衰败,昔日陆修静手植的"六朝松"和观内观外的听松亭、炼丹井、藏书馆、捣药臼、油盐石已不见踪影,唯有那一丈见方的"礼斗石"尚在。

简寂观西原有座东岳庙,到二十世纪三十年代吴宗慈为修《庐山志》访问这里,村民竟只知东岳庙而不知有简寂观。时间一久,简寂观也被村民改成了"东岳观"。尽管如此,但此处依然山水迷人,草木芬芳,花香氤氲,最让人称道的是此地产的糯米酒。

因为附近几个村子都归属东山行政村,所以人们将此酒称为东山糯米酒。东山酿造糯米酒究竟始于何时,史无记载,但此酒历史久远、甘甜芳醇已为公认,星子好酒者也无不知晓东山糯米酒。"向晚春泉流白花",也许那条唐诗人顾况赞颂的溪水流经简寂观,浸染了道家的仙气与灵气,所以用此溪水酿造出来的美酒才会如此醉人。此酒营养易于人体吸收,饮者能提神解乏、止渴消暑;用来炖鸡则能给老人、孕妇与体弱气虚者补气养血。观门口几个村庄都酿造此酒,熊姓村子更是家家户户会酿制糯米酒。2016年东山糯米酒的酿造技术被列入九江市非物质文化遗产,成了赣北有名的地方特产。每逢春节前夕,人们纷纷驮罐提坛前来购买东山糯米酒。

栗里陶村 栗里陶村是陶渊明后裔聚居的村落,在星德公路之南,村西为有名的"江西省庐山温泉工人疗养院",规模颇大,原属省总工会管辖,二十世纪八十年代初售给私人公司,疗养院已不存。一条清溪从栗里陶村村后流过,溪上一道青石小桥叫柴桑桥,属省级保护文物。桥在村口、温泉工人疗养院(现为天沐温泉)东北角50米处,邻近星德公路。桥长6.8米,宽1.4米,高2米,为一墩二孔青石平桥。桥面出4块16厘米厚的青石板铺成,建于明嘉靖十二年(1533年),原桥头有碑,刻有陶靖节诗。本名清风桥,嘉靖时御史李循义更名为柴桑桥。明末诗人王思任写有《柴桑桥》一诗:"瘦田两青坂,先生乞食处。食罢复过桥,也不题高柱。"明末与清初两度在南康为官的知府廖文英曾两次捐款修复此桥。他还记录了第一次捐银腰带修桥后,一老人为之作歌曰:

> 处士何曾是姓陶,菊花人醉风萧萧。

> 使君腰解银带子,袖挟清风过此桥。

栗里陶村粉墙玄瓦,掩映在绿荫中,村内外长着合抱的樟树与柳树,小桥、流水、人家,俨若一幅江南小村图画。

隔公路与栗里陶村相望有一座小山谷,谷尽头为虎爪崖,崖下有醒泉和醉石,醉石临溪,呈方形,高七八尺,宽丈余,传说是陶渊明酒后常卧的地方。醉石上刻着朱熹所题"归去来馆"4个醒目大字,每字一尺见方。附近的崖壁上亦留有不少古代文人吟咏陶渊明的诗歌与题刻,唐时虎爪崖下建有"醉石馆",后又建"五柳馆"和"归去来馆"。传说陶渊明玉京山旧居失火后,便搬迁至栗里,一直到他病逝。据康熙毛德琦《庐山志》所说,陶潜所居栗里村原在醉石谷内,不知何时迁至谷外今栗里陶村。

陶渊明距今已有 1600 多年，陶氏子孙散居各地。二十世纪八十年代初，栗里陶村只有 15 户，82 人。但虎爪崖下的山谷中，却有不少陶氏先人的墓冢。

陶渊明不仅是伟大的诗人，也是中国传统文化里程碑式的人物，他的故里栗里陶村沉淀了厚重的历史。可惜在前些年呼啦啦的大拆大建中，栗里陶村消失了，柴桑桥和浓郁的历史风味与文化

已经消失的柴桑桥

信息也一并消失。村里"渊明故里"的牌子与桥边"省级文物保护单位"的石碑也不知去向何处。

庐山垅 庐山垅位于温泉镇西北，又称康王谷，谷约长 9 公里，是庐山最长的峡谷，谷中沿途分布着张、吴、帅、余、钱、杜等村庄，以垅中吴村和上垅余家村庄较大。吴村又名吴官村，据传吴姓于明洪武年间（1368—1398 年）迁入，二十世纪八十年代初有近 60 户，260 人；余村大概于清乾隆年间（1736—1795 年）迁入，二十世纪八十年代初有 36 户，238 人。沿峡谷再往上是笃里钱家（村），再上为半山康家，仅几户人家。小学优秀女教师、中共十七大党代表、全国师德标兵钱茶花，就是笃里钱

家人，她一个人在这半山康家的半山小学执教多年。

据史志记载，康王谷汉时有铜马庙，南梁有康王观，宋有景德观，所以康王谷口的大村也称观口村。观口村一般叫观口钱家，村民多姓钱。《钱氏宗谱》记述，钱姓村民都是宋南康知军钱闻诗的后裔，明弘治年间(1488—1505年)钱鏊(ào)率家人从大鹿湾迁此定居。观口钱家西侧数百米有傅家湾村，先于钱姓迁入。傅姓于明洪武年间(1368—1398年)傅云贵率家由进贤迁来。钱、傅两家子孙繁衍，瓜瓞(dié)绵绵，两个自然村村舍已逐渐连为一体，成为1200余人的大山村。庐山南山公路在观口村前经过，转弯向西北而去。

康王谷口的观口村与庐山垅中的村庄分属不同的行政村，风光也不同，观口村田地平旷，康王谷则梯田层层。观口钱村背依群山，村前一马平川，春天金黄的油菜花一望无际。康王谷就在观口村后，一入谷口，溪声林涛扑面而来，古木苍苍，群峰连绵对峙，溪水绕山势而转，山道傍溪涧而进，蜿蜒伸向白云生处。一路上山重水复，隔一二里山势豁然开朗，现出一处村落，山花烂漫，溪声鸟语，鸡鸣犬吠，令人想起李白诗句"犬吠水声中，桃花带露浓"，恍若世外桃源。

庐山垅为什么叫康王谷？传说秦灭楚时，楚怀王之子康王避难谷中，秦将王翦追赶甚急，幸天忽降大风雨，秦追兵退却，康王得以脱险，从此避难谷中，故称康王谷。陶渊明时代，他家乡通往江州的古驿道从康王谷口经过，所以后人猜测他的千古名篇《桃花源记》当是以康王谷作艺术原型的。近些年旅游业兴起，康王谷被称为桃花源，引来了络绎不绝的游客。

康王谷底笃里钱村旁有瀑布自天而降,瀑旁石壁上刻满古人题咏的诗文,这瀑布之下就是"茶圣"陆羽评定为"天下第一泉"的谷帘泉。

庐山垅和观口村不仅山水风光迷人,还沉淀有厚重的历史。大革命时期,庐山垅是农民武装革命根据地。1929 年 7 月,中共星子、九江、德安三县负责人在庐山垅帅家村开会,决定第二次攻打星子城。8 月 19 日,赣北红军星子中队和湖北阳新红军从庐山垅出发,攻占了星子城……二十世纪七十年代,政府出资在康王谷底建小电站,站名"红军电站"。

抗日战争期间的武汉保卫战中,中国军民英勇抗击日军。九江、星子城相继沦陷后,庐山被日军所围,上山通道多被封锁,只剩下康王谷小路。1938 年 8 月底,蒋经国率领一支队伍,夜间从康王谷羊肠小路至仰天坪,慰问庐山孤军,并在五老峰(一说大月山)举行庄严的升国旗仪式,大大鼓舞了守军抗击日军的斗志。庐山沦陷后,日军对康王谷内外的村落进行了大屠杀,仅观口钱村就有 100 多名村民被害。敌寇的残暴更激起了人们抗击敌寇的意志,庐山峰峦溪谷到处活跃着游击队的身影,庐山垅一带成为抗日游击队的根据地。1944 年 8 月 17 日,美军第 14 航空队 406 号 B25 式轰炸机轰炸日本本土后返航,因燃油耗尽,迫降九江县蓝田乡。我游击队在副队长唐明球率领下从庐山垅出发,赶在日军到来之前将美军驾驶员杰姆等 7 人救出并转移到庐山垅。几天后又护送他们夜渡鄱阳湖,到达对岸国统区都昌。可惜唐明球等游击队员,在此后不久的一次战斗中全部英勇牺牲。

康王谷中溪畔桃花

谷帘泉（天下第一泉）

二十世纪八十年代，旅游部门修筑了通往康王谷内的公路。公路的修通为人们进山提供了便捷，但也改变了"桃花源"原有的风貌，山谷由林荫蔽日变得岭阔天开，不能不说是一种遗憾。

撰稿：罗环

作者简介：罗环，女，湖北省利川市人，曾任九江市史志办主任、市委副秘书长。

蓼花镇

　　蓼花镇位于星子县中东部,东临鄱阳湖,东北与温泉镇接壤,西邻华林镇,南接蓼南乡,北与星子县城隔湖相望。面积40.8平方公里,耕地面积13885亩,其中水田7775亩,旱地6110亩。2005年全镇有6150户,20964人,其中男性约11000人,女性9900人。辖蓼花、三角垅、幸福、翻身、仕林、胜利等6个行政村,95个村民小组,82个自然村,镇政府驻张汉岭。

　　明正德年间(1506—1521年)至清朝中叶,蓼花隶属星子县一都;民国二十一年(1932年)改称第一区;民国三十年(1941年)至民国三十六年(1947年),范蠡乡、蓼北乡合并改称蓼花乡。1950年至1953年属第三区,1956年属温泉区。1958年成立蓼花人民公社;1984年7月公社改乡,称蓼花乡;1995年10月撤乡建镇,蓼花乡改称蓼花镇。

　　蓼花西南与蓼南、华林二乡交界处有一内陆湖,旧名草堂湖,湖低洼处生长着一种叫蓼花的草本植物,开穗状花序或头状花序的白色或浅红色小花，故人们又称草堂湖为蓼花池，蓼花乡和蓼花镇也因此得名。古语"花"与"华"同义，所以有时也写作蓼华乡。

蓼花镇虽然面积不小，且地势较平旷，但东南部的蓼花池与沙山占有很大面积，故人口密度大。加上常有风沙为患，蓼花池又外洪内涝，境内少薪炭林山，烧柴也缺乏。尽管蓼花人勤于精耕细作，粮食亩产较他处高，但生活并不富裕，尤其是东南近沙山与蓼花池的村落。因沙害水患不少村民被迫搬迁流离，多离乡去景德镇打工，今天隘口镇陈家湾就是 1958 年池畔搬迁来的三个村庄之一。

蓼花地多"夜潮地"，所以盛产优质香甜的西瓜，谚曰："一都西瓜六都茶"，意即蓼花的西瓜和苏家垱的茶是星子特产。境内大面积的沙山虽然长期风沙为患，但沙山上的蔓荆子却是名贵的中药材。

蓼花烂漫

蓼花镇因为离县城近，交通便利，中部与西北部土地平旷，经济较好。蓼花人受府城（南康府）影响，得风气于他乡先，人文气息较浓。特别在清末与近代,无论是工商界还是文化教育领域,都出了不少知名人物。

集　镇

蓼花镇有两处集镇,一为张汉岭,一处叫雨岭铺。

张汉岭　张汉岭是延续数百年的古镇。《星子县志》(同治版)载:"一都张汉岭市,去县十里。"

张汉岭,当地人又叫汉岭街或汉岭,大概缘于镇上张姓居民为大族,故称张汉岭。除了县城和蛟塘镇,张汉岭是星子县规模和名气最大的集镇。在有公路前,这里是水陆交通枢纽,华林、蛟塘、蓼南、新池等乡的村民进城,多要经此地再坐渡船过渡到县城,所以街面较繁华。旧时曾为乡公所和伪一区区公所所在地,1949年以后,汉岭街是三区区政府驻地,后又是乡与人民公社办公地,今则为蓼花镇镇政府所在地。长期以来,汉岭街一直是蓼花乡(镇)的政治、经济和文化中心。

汉岭街北近星德公路,东临鄱阳湖落星湾,离渡口"扈家港""下岸角"不过数里地。落星湾为鄱阳湖北部西侧一湖湾,因湖湾中一名为落星岛的小岛而得名。涨水季节湖湾水面浩瀚,两岸靠渡船相互来往。大诗人李白《豫章行》诗云:"楼船若鲸飞,波荡落星湾",就是指此湾。落星湾又叫落星湖,也叫十里湖,因县城至蓼花镇两岸距离大概十里。丰水期人们从城南渡口坐船到对岸"下岸角"上岸,再上汉岭。秋冬水退,落星湾现出一片湖滩,行人可步行至对岸。行人世代踏出来的小路,如黄褐色的带子,镶嵌在碧草如茵的湖滩上,小道上行人如蚁,两旁猪牛点点,不失为一道风景。

汉岭街南北向,宽丈余,长约一里,街两旁店铺格局虽不大,但各行齐全:百货、南杂、布匹、饮食、药铺、旅店、铜、铁匠铺……应有尽有。店铺的店主,有本地人,也有外来客商。如后来在县城开"长春药店"的张起财,就是樟树人。樟树镇为江西"四大名镇"之一,也是中国的"药都"。张起财先在汉岭开店,生意渐渐做大,1949年以后,他将药店开到了县城正街。因其医德医术好,颇受人称道,张起财被聘为县"药税评审员",后还被聘任为刚组建的星子县人民医院副院长,并当选为县人大代表。除了张起财,汉岭街还走出了好几位大商家,"鸿昌"与"益大"两家商号,是县城最有名的大店。其股东大多为蓼花人,他们先在汉岭街或他地经营、磨砺,然后再进军县城一展身手。

经历了1956年的公私合营,汉岭街的店铺虽较过去少,但仍是星子第三大集镇。

雨岭铺　雨岭铺离汉岭街4公里,旧时是三都(蓼南、新池)村民通往县城的必经之地。据说明末清初,有热心者为方便行人歇息和避风雨,于道间土坡上建一小亭。亭初为草亭,后改为砖木构建。渐渐附近有了供茶水、点心、杂货与肉案的小店铺。初名雨亭铺,因星子话"亭"与"岭"音相近,久而久之便叫成了雨岭铺。

雨岭铺小集市越来越大,农闲时人们来此打牌聊天,逢民间节日,乡民还在此搭台唱戏。日寇侵华,集市一度衰败,并改了一个奇怪的名字"送家铺"。抗战胜利后,集市又渐恢复。特别是 1949 年以后,人口繁衍,雨岭铺除了商店外,还有医疗所和小学,一直是行政村(一度称大队)所在地。现在是胜利村村委会驻地,附近有上、下牌楼湾和大塘易等村庄。

古　村

大塘张家　蓼花有两个较大的张姓村落,一个叫窍塘张家,一个是大塘张家。大塘张家又称樟树张家、汉门口张家。三个名称缘于村前有口大水塘,村旁有数株大樟树,村子又近汉岭街。大塘张家人虽不算多,却曾闻名远近。现原村中的农户全部迁出,旧址建起了蓼花镇办公楼。

这个村庄之所以出名,因为近代出过几位献身于科学与教育的知名人物:张醉新、张文煊、张武煊、张起熙……

张醉新(1888—1952 年),原名起焕,受新文化运动影响,改名醉新,即醉心新文化。张醉新 1914 年考入北京师范大学生物系,与邵式平是校友。他毕业后留校任教,1920 年教育部委任他为故宫博物院馆员兼教育博物馆馆长,后晋升讲师。在北京师大女附中兼课时,他结识了鲁迅先生,感到深受教益。张醉新著有《生理卫生学》《动物学》《植物学》等著作(均由中华书局出版发行)。后任教赣省中学,兼初中部主任,经蔡元培先生举荐,任江西科学馆馆长,他尽力筹集资金,购置仪器,与全馆人员一起制作标本,绘制教学挂图,并开办标本制作学习班。日寇进犯南昌,他带着江西科学馆馆藏和馆员辗转泰和、遂川、乐平。日寇投降,张醉新返回南昌,家产丢失殆尽,然馆产未少。1950 年张醉新开始写科普读物,1952 年 5 月在南昌病逝。1949 年后其家的居住地成了乡中心小学。

张起熙(1910—1987 年),1935 年毕业于天津工学院。曾在安庆高级工业职业学校、贵州国立第三临时中学、江西工业专科学校、南昌赣省中学等学校任教。1945 年抗战胜利后,张起熙返乡创办了"华光小学"。后与欧阳良柱等人一道,在官办民捐的基础上创建了星子县初级中学。1953 年,张起熙调九江师范学校任教,曾多次出席地、市劳模大会。1959 年还出席了全国群英大会。退休后张起熙返星子,1987 年病逝于家乡。

张文煊、张武煊兄弟的家世颇有传奇色彩,蓼花一带流传着"扁担挑出文、武弟"故事。原来张氏兄弟家境贫寒,父亲张堂和 7 岁丧父,少年时就跟着同乡到景德镇当挑夫、打长工闯荡江湖。张堂和家贫,从未上过学,但他聪明能干好学,喜欢唱山歌,劳动之余,靠读民间流传的"歌本"识了不少字。张堂和后学做生意,30 岁才成家,娶的是年轻寡妇。渐有积蓄后,他在家乡买田置地,从长工变成了家境殷实的人家。张堂和重视文化,遂十分看重对子女的教育,儿子小时就被送到办在寺院里的私塾念书,后又进学堂;女儿则请先生来家教她们读书识字。两个儿子都不负他所望,先后考入了北京大学。

张堂和大儿子张焱云(1892—1953 年),字文煊,师范学校毕业后于 1914 年考入北京大学,是蔡元培的学生。1919 年毕业后留校当助教。当时知识分子崇尚教育救国,江西办学风气很盛,于是他应同学之邀,1926 年回南昌办私立赣省中学。经多方努力,学校从无到有,于1928年建成,蔡元培为中学题额。由于师资强,办学方针得当,私立赣省中学很快成为名校,为社会培养了不少人才。

文煊之弟张森云(1911—1997年),字武煊,1933年考入北京大学物理系,与马大猷(著名声学家)和葛佩琦(著名地下工作者)是同班同学。1937年毕业时,系主任饶毓泰希望他出国深造,但抗日战争爆发,张森云开始从事教育工作,培养了许多可造之才。

张氏兄弟俩一个字文煊,一个字武煊,均入名校,后来又都有所成,是大塘张家的荣光。所以蓼花才流传"扁担挑出文、武弟"的佳话。

随着时代的变迁,不少大塘张家人走出家乡,走向各地。与街市相连的大塘张家也在街道不

赣省中学奖章

断地扩充与拆建中渐趋消失。1997年张武煊女儿张笑桃回乡寻访旧村,少时记忆中的大塘已经变成小水塘,葱郁的樟树林也只留下了孤独的一棵,熟悉的旧居老屋荡然无存……作为独立的名村,大塘张家已不复存在。

三角垅 三角垅是三角垅行政村的统称,包括万、崔、蔡、何、叶等姓十几个自然村。村委会离镇政府张汉岭二三里,紧邻县城通蛟塘的公路。三角垅的村民以在外打工致富出名,在二十世纪五十年代,则以劳动模范"蓼花七姐妹"闻名遐迩。

"蓼花七姐妹"合影（后排中间为欧阳秋娥）

　　1957年，三角垅一带叫蓼花乡联丰高级社（1958年人民公社化后称蓼花公社联丰大队），农民集体生产。在乡干部的鼓励和带领下，三角垅出现了七位青年女性劳动模范，组成"七姐妹"战斗队，在生产上敢于向男子挑战。她们是欧阳秋娥、胡桂英、陈炳姣、卢桂桃、万菊英、李艳香、李玉珍。她们中有的是年轻媳妇，有的是未出嫁的大姑娘，平均年龄不到二十岁。"七姐妹"在生产中吃苦耐劳，努力争先，耕、耘、犁、耙，改造低产田等方面样样不让须眉。在农业没有机械化的年代，插秧是需要技巧、体力与耐力的农活，"七姐妹"的名声让争强好胜的男青年不服气。1958年春，附近翻身大队号称"八勇士"的插秧能手们向"七姐妹"下插秧挑战书，要与她们一比高下。

　　那是一个激情洋溢的时代，各行各业经常展开竞赛。4月8日插秧比赛这一天，蓼花村、乡、县领导和省、市的新闻记者都来观看比赛。"八勇士"中的七个小伙子与"七姐妹"在20

亩秧田中飞花点翠,你追我赶,四周围满了前来观赛的群众。比赛结束,"七姐妹"取胜,她们在 20 亩田中插秧 12.5 亩。输了的"八勇士"也显出了男儿的大度,他们敲锣打鼓给对方送锦旗……插秧比赛和"七姐妹"的事迹上了省报、市报,并广为流传。省妇联副主任朱旦华特地来蔗花看望她们,1959 年"三八"妇女节她们被评为全国劳动模范,《人民日报》和省、市党报与省电台记者都来采访她们。1959 年国庆节,欧阳秋娥代表"蔗花七姐妹"上北京,参加了国庆十周年观礼,受到毛泽东主席接见。可惜那个时代乡下摄影条件太差了,将七位年轻姑娘都照成了中年妇女。

改革开放后,人多地少的三角垅的村民较早走出家乡,去外地打工。最初是崔村的中青年在江苏一带以弹棉花为业,渐渐地,他们生意越来越大,还带出了周围村庄的许多乡亲。三角垅因而也成为蔗花乡最先富起来的村落,村民们在乡里最先拥有小汽车。

沙溪欧阳村 沙溪欧阳村属于翻身行政村,现名塘下阳自然村,在蔗花中部偏西。原为大村,后分迁他处。村庄在县城至蛟塘公路以北,距镇政府驻地汉岭街不过二三里。

塘下阳村之所以叫沙溪,缘于欧阳氏祖先最早迁居于此地时,这里有一道名沙溪的溪涧。沙溪又名胖子垅,也叫莲花地,沙溪水源出华林山,从山东麓流出,一路溪水清澈,绿树成荫,流向蔗花池,再入鄱阳湖。华林山位于蔗花与华林乡之间,古称金精山,呈南北走向,面积约 8 平方公里,最高海拔 250.1 米。华林山沙溪旁有精舍寺,相传宋代学者黄灏后裔黄朋于明代在此结庐讲学,后才成为精舍寺僧舍,寺院屡遭兵燹,清同治间曾修复。1968年又毁,二十世纪九十年代恢复。

2010年编修的《星庐欧阳氏宗谱》记载:星子姓欧阳的村庄村民都是北宋名家欧阳修仲父欧阳义的后裔,欧阳载曾任江州知府。欧阳氏迁居沙溪的始祖可能是欧阳载九世祖欧阳震龙,或十世祖欧阳彬。欧阳彬生于南宋淳祐十二年(1252年),宗谱云其曾任观文殿学士。欧阳震龙父子生活的年代为南宋末世(南宋亡于1279年),元军入侵,兵荒马乱,震龙父子看中了沙溪有山有水有田地,风光既好,又远离郡城与大道,是日后子孙可以耕读传家的风水宝地。星子欧阳氏经过十数代的繁衍,原有的地域已容不下,不断迁往他处。有的就近迁徙,有的迁白鹿,有的迁海会或更远的地方。今天,白鹿镇的上、下欧阳孟贵村与海会的欧阳家湾,都是大村,特别是欧阳家湾……欧阳一姓在星子也渐渐成为地方大姓。1958年,在沙溪上游建华林水库,沙溪上游被淹,原沙溪村一部分村民被迫搬迁,组成新的村落,人称新屋阳村。新屋阳村与老村(塘下阳村)相距很近,村舍毗邻。

数百年来,沙溪欧阳氏出过不少人才,远如欧阳彦爵曾任元代湖北黄州经历,职掌一州出纳文书;其弟欧阳彦锦任元代浙江钱塘知县。近现代则有属琏湾一支的厦门大学高才生欧阳怀岳,少年就有诗才,可惜因狂犬病英年早逝;欧阳怀岳之父欧阳良柱也传名远近,欧阳良柱毕业于北京师范大学,一生热心教育,曾任北京师范大学与北京大学讲师,抗战时任省浮梁中学教务主任,日本投降后回乡创办星子中学。

扈家港　扈家港又称扈家嘴,清代叫五福港渡,是一天然泊船的好港湾,地处汉岭街东北 4 里左右的鄱阳湖边。明永乐年间(1403—1424 年),扈姓由饶州府(今鄱阳县)瓦屑坝迁居于此。扈家港村庄不大,二十世纪八十年代初也只有 26 户,112 人,但在抗日战争以前,扈家港名气很大,因为这里的扈家人拥有"扈利川"号盐船。

食盐专卖制度在中国有着悠久的历史。它始于 2600 多年前的春秋战国时期,一直延续到民国(今天仍为食盐专营制,但与 1949 年以前有所不同),这是因为食盐专卖是国家税收的重要来源。食盐专卖,运盐也需专门的船,叫盐船。盐船运盐需凭票(又叫盐引),无票者不能运盐,而盐票需要买或捐。清同治时期(1862—1874 年)一票要捐银 400 两,光绪时更高。获准运盐者可以子孙相继,捐银如盐税,又叫盐课。盐票有大小之分,在江西、湖南、湖北,每张小票可运盐一百二十引,大票每张运盐五百引。而"引"又分大引与小引,大引为 300 斤,小引200 斤。民国时一票为 6000 包,每包老秤 120 斤。食盐的售价远高于其生产成本,又是人们生活所必需,所以历代盐商都是富翁,明、清的扬州盐商更是富可敌国。

扈家如何成为财大气粗的盐商?坊间一直只是纷纷传闻,似乎没有权威的说法。如三都的富户李士鸿、县城的富户"杨裁缝",他们的发家引得人们羡慕、猜测,众说纷纭,没有权威的定论。旧时要取得盐票成为盐商并非易事,需有一定的背景(或机会),也要花大钱。盐票如同现在的"营运证",价格昂贵,清光绪初年,一张淮盐票曾值银万两。

据当地传说和《星子县志》(2010 年版)附录《"扈利川"盐船记》,人们可以大致了解扈家发迹和扈家盐船的情况。

清末民初时扈家村有个扈兆章,年轻时家境贫寒,先靠撑小船(小划子)谋生,后又以烧石灰为业。渐渐小有积蓄后,扈兆章便打造了一艘客货两运的木船,往来于县城、都昌等地。到了民国八年(1919 年),资金渐渐充足了,扈兆章就置了一艘半票盐船(载重 36 万斤),并通过关系开始搞起盐运来。半票盐船属最小的盐船,据说有一次扈兆章到江苏十合圩(在今江苏扬州,当时为盐局所在地)运盐,经办人见其船小,显出不屑的神态不予发货,并讽刺说要他等上一年半载。盐局职员的羞辱激怒了扈兆章,他发誓要造更大的盐船。1924 年扈兆章筹款万余元,在南昌毛洲夹打造了一艘一票半的盐船(载重 108 万斤,约合今天 540 吨),取名"扈利川"号。新船下水之日,扈兆章邀请地方名流与亲朋好友共同庆贺,一时传为佳话。

曾在扈家盐船上生活过的扈氏后人回忆:扈家盐船吃水 2.8 米,长 31.5 米,平均宽 14 米,最宽处 18.3 米。盐船 4 桅,最高桅长 33 米,桅为东北松,桅杆顶上可放 3 只饭碗,可见其桅杆之粗。船有 4 锚,最大锚重 800 斤。舱则有猪嘴舱、团舱、大舱、桅下舱、官舱、火舱等,有的舱还设置有厅、正房、客房、厢房、火房等。"扈利川"号为当时星子、都昌、永修、安义四县最大的木船。

盐船造成时,扈兆章已经年近七旬,他感觉自己精力不济,便选定其三子扈宗森负责经营管理盐船。扈家盐船上的船工水手除了有 4 名自家人,还雇有外姓人 8 名。"扈利川"号盐船主要航行在长江中下游及鄱阳湖、洞庭湖一带。他们一般从江苏十合圩盐局装载食盐运往吴城、武汉、长沙等地,再从该地运回木材、火纸(草纸)等货物,有时盐船也会驶出长江口,驶往山东半岛或雷州半岛等地。

1937 年 7 月 7 日卢沟桥事变,抗日战争全面爆发。为阻止日军军舰沿长江溯江西上,中国政府于 1938 年武汉会战开始前,征收公私船只,组织军民在彭泽马当载石沉船堵塞航道以拦阻敌舰。扈宗森闻此讯,不愿自家的船只被征收,便星夜返航赶回星子,将盐船停泊在扈家港深处。

扈家盐船没有和许多民间木船与轮船一起沉江阻敌,但最终还是难逃一劫。1938 年日军攻陷星子,国既不保,家何以独存? 扈家盐船也在这一年被日军所毁。

扈家子孙从以摆渡为业到成为一代盐商,兴衰起落不过数十年。扈家盐船的辉煌虽已不再,但蓼花一带依然流传着"小划子荡起票盐船"的故事。

和扈家港同属蓼花镇蓼花村委会的乌鸦塘村,还出了一位科学家姚裕贵。

2019 年 1 月 8 日,由姚裕贵主持完成的"固体材料中贝里相位效应的第一性原理研究"获得 2018 年度国家自然科学奖二等奖。

姚裕贵 1971 年生,星子中学八八届高中毕业生。现为北京理工大学教授、博士生导师、物理学院执行院长。2011 年获"中国科学院杰出科技成就奖",2012 年入选"长江学者特聘教授计划"。

蓼花镇

姚裕贵

湖边人家(陈家国速写,1990 年)

沙山与蓼花池　　沙山又称沙岭,位于蓼花、新池乡东北部,山势缘鄱阳湖岸南北逶迤,长约 7 公里,面积约 10 平方公里,最高海拔 135.9 米,沙岭上生长有蔓荆子与陈茵蒿。蓼花池古时名草堂湖,其水域介于蓼花、蓼南、新池、华林四乡,面积约

3.4平方公里,东西窄,南北长,南北长约9.2公里,蓼花池纳庐山99湾之水,再入鄱阳湖。沙山有一半在蓼花镇领域内,蓼花池则有三分之一以上的水域在蓼花镇境内。数百年来,这一山一水严重影响了蓼花人的生活,给他们带来灾难。

沙山是古赣江沉积沙石堆砌的产物,沙层中还夹有铁盘层。蓼花池与沙山紧邻,池水原有通道与鄱阳湖相连,由于沙山沙尘不断被大风扬起,沙丘移动,渐渐堵塞了蓼花池水通往鄱阳湖的出口。《星子县志》(同治版)云:(1723—1735年雍正朝)"蓼花池周围五十里,内有村庄八十七处,烟户二千一百余家,田一万二千余亩","因浮沙填塞,积水弥漫,不能出口,田亩每罹淹浸"。明代以前因人烟不算稠密,出口尚未完全堵塞,危害不见记载。至清初,蓼花池出口日益变浅,洪涝浸害越来越明显,康熙时期(1662—1722年)池区受淹面积3000多亩。到民国时,受害面积更大,农田达10000多亩。沙山除了堵塞蓼花池出口,流沙还会掩埋村庄、田园,近沙山有好几个村庄被流沙吞没,村民被迫迁徙。

沙患与水患共同侵害了周边村落,所以清初就开始了对沙山与蓼花池的治理。史志本来行文简洁,惜墨如金,但《星子县志》(同治版)罕见地以大量篇幅介绍治理沙山与蓼花池的经过,证实这一山一水压在星子官民身上的重负。最初治水是蓼花池边村民自发组织起来扒沙排水,然而毕竟力量有限,出口时扒时淹,通道积沙越来越厚。至康熙五十八年(1719年)知县毛德琦开始组织民众在东岸另开新的出水口,位置在今泊头李村旁,长约2里。工程完工后,数年内效果不错,"水患稍杀",毛德琦也因此成为星子名宦。但限于当时人力财力,毛氏所开新道既浅且窄,十多年后,出水口又被风沙填塞。雍正八年(1730年)知府董文伟开始意识到治沙山与蓼花池要同步,一方面向上级报告申请支持,获朝廷拨款疏修河道;一方面请有经验的饶州知府来星子考察、出主意;同时组织百姓将毛氏所开出水口加宽加深,并购买固沙植物蔓荆子100担在沙山种植。这一次治理管了几十年,由于百姓缺烧柴,固沙植物蔓荆子屡被斫伐,池水入鄱阳湖通道再次堵塞,涝灾又起。乾隆、嘉庆、道光、咸丰四朝官府都组织人力疏浚池口,防风固沙,虽花费不少人力财力(费用除国库拨款,还有官绅捐赠),但均无法根除沙害水患。至同治时,毛德琦所开出水口由于太靠近沙山,极易被风沙填满。所以人们于池南新池街方向另开一新的出口,原泊头李村的出水口叫老池口,新开处称新池口(新池一名也由此来)。两年后(1867年)新口又堵,知县蓝熙又开老池口;再过两年,复开新池口……如此这般,老口新口轮流反复,一直到清灭亡,"朝开暮塞,迄无成功"。民国时期,也曾四度开挖疏浚,仍无功效。中华人民共和国成立后,1950年政府领导群众疏浚过北渠一次,但效果仍不明显。二十世纪六七十年代,政府总结了历代治水经验,决定采取"西蓄、东固、北导、南泄"的方针综合治理沙山与蓼花池。"西蓄"即在池上游利用溪谷建水库,减少入池积水;"东固"即封固东边沙山,防沙堵塞水道;"北导"即引导部分入池溪水流向北渠,不再入蓼花池;"南泄"则为开挖南向渠道(加宽加深新池口通道),并建闸防洪。在省、市政府支持下,"南泄"工程于1965年1月开工,3月竣工,开通长3500米、底宽5米的泄水渠,积水畅泄,露出近万亩田地和明初建的青石桥。为了彻底解决蓼花池水患,有关部门决定将水退后露出来的土地中的6000亩开为良田,保留水面2000余亩

今日蓼花池

星子县鄱阳湖畔沙山(照片取自网络)

以利灌溉。为害数百年的蓼花池终于得到彻底改造,变害为利。

沙山的治理也大见成效,政府专门为治理沙山成立了沙山林站(水土保持站)。进入新世纪以后,由于农村燃气普遍代替了烧柴,沙山的流沙已经基本固定,人们正酝酿开发沙地旅游。

撰稿:景玉川

蓼南乡

蓼南乡地处星子县东南部,东临鄱阳湖与都昌县老爷庙隔水相望,南接永修县吴城镇水域,西与蛟塘镇交界,北同蓼花、华林二镇接壤。境内多丘陵,也有星子难得的小平原。

清中叶星子全县共设七党九都,党比都略小,多近山区,蓼南乡被划为三都。民国二十一年(1932年),撤都设区,蓼南乡属第一区张汉岭管辖。民国三十四年(1945年)乡镇区域调整,正式划出蓼南乡(因处蓼花池南而得名)。1950年星子县设五区五十乡(镇),蓼南乡地域划归二区(桥南乡)、三区(含团结乡、建设乡、利民乡、和平乡、民主乡、新民乡)。1956年撤区并乡,原地域分为蓼南乡与新池乡。1958年蓼南、新池二乡合并,成立蓼南人民公社。1962年新池乡又从蓼南公社划出,成立新池公社。1968年新池公社重新并入蓼南公社。1972年新池又从蓼南划出,仍称新池公社。1984年公社改乡,2002年1月,蓼南乡与新池乡再次合并为蓼南乡。2005年,蓼南乡辖和公塘、南阳畈、长西岭、黄鸠垅、桥南、新池、新华、横岭、渚溪等 9 个村民委员会,村民小组 68 个,自然村 99 个,居民 5948 户,26766 人,其中男性 15346 人、女性 11420 人。

全乡耕地面积 14671 亩,其中水田 6486 亩,旱地 8185 亩。蓼南是星子县面积最大的乡镇,村庄稠密,人口众多,是历史上典型的鱼米之乡,较北部的白鹿镇等乡镇富裕。这里除种植水稻、红薯等粮食作物外,还盛产棉花、籽瓜等经济作物。全乡总面积 47.5 平方公里,其中水域面积 12 平方公里,沙地面积 9 平方公里。

春天洲上打湖草(陈家国速写,1990 年 4 月)

蓼南乡与星子其他乡镇不同的是,这个乡拥有大片洲地。鄱阳湖是一座过水性湖泊,"洪水时一大片,枯水期一条线"。冬天湖水落槽,吴城附近赣江与修河两岸会现出大片湖洲,这些湖洲属于星子的一部分,很多为蓼南乡所有。湖洲上可以放牧,也可以种洲地,乡民在枯水期趁时种上荞麦、萝卜、油菜或芝麻,春季洪水上涨前收获一季粮食与经济作物,稍高的洲地还可以种籽瓜。另外,湖洲还是蓼南人肥料与烧柴的来源地,赣江两岸是草洲,长着一片无垠高过人头、绿油鲜嫩的青草,是极好的绿肥;修河两岸是柴洲,秋天芦荻密不透风。蓼南人春天打湖草,秋天砍湖柴,打草和砍湖柴都是很苦很累的劳动,当地有民谣道:"读书怕过考,种田怕打草。"每年春秋,乡民用宽扁的平底船,装载着巨大的草垛或柴垛,在湖面缓缓前行,形成了湖上一道独特的风景。当地人称这种无篷、以艄代舵、靠划桨前行的船为"爬河船"(或"扒河船"),大概意为它很慢,慢得像在水面上爬。

蓼南原新池乡沿湖北部一些村庄,村民们半农半渔,春夏水涨,他们张网捕鱼,用十几个人拉的大网;秋冬水退,他们则在湖中安置张口方网,这种网当地人叫"豪",是一口部巨大,底部细如米袋,可以捆扎袋口的网。

装载湖草的"爬河船"

蓼南地理条件好,尤其是上三都,生活较他处富裕,人烟稠密,村落相连,村舍多青砖砌成的风火墙式建筑。蓼南人崇尚耕读传家,学风、文风颇盛,旧时中科举者较多。此地既多能工巧匠,又多民间艺人。乡间文化生活活跃,乡人尤爱好地方戏弹腔,弹腔又叫西河戏,每逢年、节及喜事,村民们必搭台唱戏,檀板锣鼓,往往一连数天。

蓼南乡有和公塘、渚溪、甘(干)岭三镇,其中渚溪镇历史上最为有名。名村则有南阳畈、山口杨、扬澜、张家山等村。

蓼南流传的西河戏(弹腔)

集　镇

和公塘　蓼南曾称三都,三都又分上三都与下三都,新池乡领域大多属下三都,原蓼南地域则称上三都,以蓼花池入鄱阳湖小河为界,河西为上三都,河东为下三都。和公塘镇为上三都的政治、经济与文化中心。

和公塘离蓼南乡政府不远,清代就为集市:一条东西走向的青石板街,两旁为砖木结构的店铺,多为一层或二层建筑。街虽不长,也不宽,店铺不过20多家,但品种不少,有万氏杂货、孙氏药店、高家铁器铺、左氏布匹店、胡家油条店……都闻名乡里。蓼南一带土壤属土层深厚的重壤土,雨天出行给人们带来极大的不便。乡民在泥浆中跋涉,进街后自然给小街带来泥泞,青石板雨天本来就滑,有泥更滑。于是店家常用盆承接屋檐下的雨水,再用雨水洗街,使街面保持清洁。

和公塘距鄱阳湖不过 2 里,在以水路为主的古代,邻县永修吴城镇曾为中国"四大名镇"之一,是繁茂的大商埠。蓼南距吴城甚近,商家进货与销售农副产品多往来于吴城,故蓼南人的时尚,有时还会领星子全县之先。

和公塘得名,据说因镇附近有一口大水塘,明清时人们在塘边设议事堂,专门处理与调解乡间民事纠纷。因议事人员办事公道,说理透彻,赢得了乡民的信任,因此尊称此堂为"和公堂"。星子话中"堂"与"塘"同音,议事堂旁又一大塘,故以讹传讹,"堂""塘"不分,被叫成了和公塘或"鹅公塘"。

进入二十一世纪,和公塘街的店铺再不是昔日的低矮建筑,而是与时代同步,已面貌一新了。

甘岭 甘岭,又称干岭,离渚溪街较近。它曾为上三都集市,也是以前新池乡的(公社)集市。二十世纪八十年代星子城至新池乡公路终点就在此,所以这里又叫新池街。街长不过百米,公路穿街而过,仅有几间店铺,远不及和公塘繁华。即使在新池乡(公社)时期,也显得冷落。

甘岭成集市,缘于蓼花池水流入鄱阳湖的出口处老池口(在原沙山泊头李村附近)被流沙堵塞。后在老池口南开辟了新池口,以引蓼花池水流入鄱阳湖。甘岭为人们往来新池口和湖东的要冲,因而成了集市,有了"街",故又称新池街。

1938 年星子沦陷,湖东都昌县沿湖尚在中国军队控制下,星子县流亡政府也设在都昌县,新池口因此成为人们秘密前往都昌的一处重要渡口(又名沟得口)。甘岭离新池口最近,自然成了人们往来星子与都昌之间的歇脚点,那几年集市贸易空前活跃,店家户户生意兴隆。

抗日战争胜利,新池口渡口随之冷落,与它紧密相关的甘岭街,也渐趋冷清,大不如前了。

1998 年大洪水之后,临鄱阳湖的村庄遭灾。灾后国家拨巨款实行"移民建镇",附近村庄的村民将村舍建在通往甘岭街的公路的两旁,甘岭街再次热闹起来,而且显得比以往更热闹。

离甘岭街一里地,有一村庄叫龚家垄,1962 年中国人民解放军导弹部队击落一架美蒋 U-2 型高空侦察机,一块飞机残片掉落在龚家垄田地中,曾经轰动一时。

渚溪镇　渚溪镇位于蓼南乡东南鄱阳湖边,属原新池乡领域。鄱阳湖五大水系形成的东河与西河在渚溪东南名叫饶河口的地方汇聚,是古代水上交通枢纽,也是重要的军事通道。由于此处有一天然大湖湾,因而这里也成了天然良港。

渚溪镇地理位置十分重要,古代在此设管理机构——渚溪巡检司。究竟什么时候在此设这一机构,史书没有记载。巡检司始于五代,盛于两宋。从数年前发现的古碑《(渚溪)镇石街记》证实:至少在元代渚溪已设有巡检司,多设置在关津、要冲之处,主要任务为盘查过往行人,捕盗,"缉拿奸细、截获脱逃军人及囚犯,打击走私,维护正常的商旅往来等","期在士民乐业,商旅无艰"。明清时巡检司最高长官为巡检,正九品,官虽小,权力不小。渚溪巡检司除管理衙门外,还管理驻军、火药厂、缆子厂等。

出于这些原因,渚溪成为繁华的集镇,店铺林立,烟馆、茶楼、妓院、赌场，应有尽有。笙歌笑语，人声喧哗，繁华不次于府城星子。涨水季节，船家、排帮在湖湾停泊；枯水时期，镇前赣江西河与东河水交汇处饶河口岸边，裸露出湖洲，洲头有临时形成的小集市，俗称"樵峡"，人们可以从此处搭乘客轮上下九江、星子或吴城、南昌。小集市一律木板小棚，水涨后即拆除。"樵峡"小集市二十世纪七十年代还有，后因湖床变化，集市消失。

渚溪村外湖滩（摄于 1990 年）

渚溪最繁荣昌盛时，往来与常住人口不下一万。《（渚溪）镇石街记》中记述，元代至元元年（1335 年）皮国宝发起捐修的一条主要街道，就长一里多，比县城东大街、西大街加起来还长。明清时渚溪应当比元代规模还大，繁华更盛。星子不少从外地迁入的姓氏,由于慕渚溪之名,往往首先迁入渚溪,再散往其他各乡、村,不少家谱都有记载。

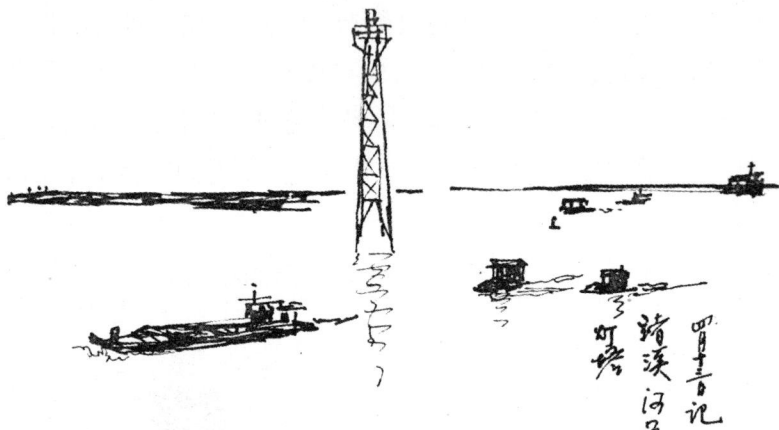

渚溪外东河、西河交汇处(陈家国速写,1990 年)

　　到了近代,公路铁路兴起,水运失去优势,渚溪的交通与军事价值也随之渐渐消失,渚溪镇日渐萧条。后经历日军的入侵,渚溪街市更遭劫难,商户他迁,人口星散。1954 年一场旷世洪水吞噬了渚溪街。此后,数百年繁华的渚溪镇变成了渚溪村,昔日万千人口的街市,只有二三十户人家,不到 200 人。但仍然可见残存的街面和几间店铺模样的破旧小屋,附近的乡民仍习惯地称这里为渚溪街。不过这里的国营水产收购站洪灾后依旧远近闻名,这一带网上豪上出产的鱼虾,都由这里的水产收购站收购。收购站前沙滩上有一片柳丛,绿荫婆娑,给渚溪镇留了几分残存的风韵。

　　改革开放以后,水产收购站撤销,渚溪更加冷落,年轻人外出打工,居民寥寥。那一片妩媚的柳林也被人砍去,显得尤为破败。1998 年一场世纪大洪水,又一次洗劫了村庄。政府实行移民建镇后,村民全部搬迁,千年的渚溪镇,已名存实亡,昔日茶楼酒馆、烟花柳巷和喧嚣的集市,仅残存在老人们的记忆中,沧海桑田,令人不胜唏嘘。

古　村

关于姓氏的分布,星子民谣曰:"一李二宋,三左四郭……"意思说一都李姓多,二都多宋氏,三都左姓为旺……

蓼南姓左的确实多,左姓村庄有留田左家、桥头左家、左辅里左家、巷口左家、孝友垅左家、何家堡左家等,其中南阳畈村委会左氏村落相对较多。其实,在所谓下三都(即原新池乡地区),尹姓与李姓村落也不少。如四房湾尹家、对面尹家、松树湾尹家、老屋尹家等。李姓村落则多聚集在原新池乡东北部,有泊头李家、细泊头李家、老屋汉、余生垄、下扬澜等。

南阳畈村　南阳畈村在和公塘东北,由 7 个自然村组成,有左、郭、周、赵、陈五个姓氏,村民以左姓为多。蓼南本来就人烟稠密,村落相邻,如今更是村落相连,形成一座数姓大村庄,人口繁衍,已达数千。这些自然村有一个特点:五姓除陈姓(古门陈家)从元末迁入外,其他四姓,都是从明代迁入的。周姓村与郭姓村于明永乐年间(1403—1424 年)迁入,赵姓于正德年间(1506—1521 年)迁入。左姓三村(留田左家、桥头左家、左辅里左家)都是南宋进士左鹰午的后人。据传左鹰午在南宋后期任南康知府,后率家人先迁居白鹿洞书院附近,后迁渚溪,其孙许祖、胜祖二位再迁至此。

留田左家和左辅里左家二村村名都有点故事。传说左鹰午之孙左许祖在此定居后,其子孙于左氏田地中特意拿出一块田,用作全村公共事业的费用,故名留田左家。左辅里左家得名,则缘自左胜祖一身武艺,但去府里应考,却未录取。主考官爱其才,特为之捐官任辅职。为了纪念这一荣耀,村庄就叫了左辅里这一名字。

蓼南人重读书,所以文风浓厚,名人迭出,桥头郭家与桥头左家尤为出众。郭村始祖郭庆为南宋白鹿洞山长郭炳后裔,明永乐三年(1405年)进士,官为漪氏令。左姓除了左鹰午为南宋进士,到了清代,他的后人左运昌也为光绪九年(1883年)进士。左运昌字蘋乡,号凤山,1856年生,15岁中秀才,23岁中举人,27岁中进士,为三甲第五名(一说二甲第八名),后钦点内阁中书,加四级,曾为顺天乡试主考官。左运昌虽少年得志,但官运不佳,入仕不几年,因母逝回乡丁忧三载。1893年,左运昌丁忧期满,回京候任,不期突然染病身亡,年仅37岁,属英年早逝。运昌一支所属桥头左村现已有700多人。

进入新时代,南阳畈村更是人才辈出。

除了南阳畈村左姓外,上三都孝友垅村也曾出了一位名人叫左敢。左敢祖孙三代,均因孝顺被载入《星子县志》(同治版)。县志称左敢:"渚溪镇人,父母卒,刻像无木,憩道旁大树下,望之垂泣,叶遂落。(树)主人(惊)讶(询)问,(知原因后树主人让其)伐木以归,刻二像,定省如生。万历十九年(1591年),诏竖坊旌其门(第)。"左敢的儿子左文球、孙子左日柱,都因孝顺乡里闻名,并受到知府的嘉奖。万历间朝廷下令为左敢所立的孝子牌坊,二十世纪末还在。

左敢所在的村庄,当地人称之为"孝友垅左家"。

山口杨村　当地人一般称山口杨家,以村址风水好而被人称赞。

山口杨家建村历史悠久,据杨氏族谱记载:杨氏祖先杨时章宋时为谏议大夫,致仕后率家人从南昌迁居星子。杨时章生五子,长子杨如松,如松后人杨藩(震),宋末曾为松江知府。逢元军南下,为避战乱,杨藩(震)率家迁居渚溪附近。

到杨藩(震)之子杨尧师时,杨尧师看中了尺家山山口附近一带地方。尺家山(又名尺夜山)不高,但山清水秀,山南地势开阔,土地肥沃,当为钟灵毓秀之地,于是杨尧师决定在此定居。因村庄位于山口,故人称山口杨家。山口杨村村舍按"龙脉"走向,依山沿西南延伸。整个村庄北倚山,南向开阔,东有松石,西有大树,左右有两山为翼。远处为匡庐,近临鄱阳湖,是风水学家推崇的宜居胜地。从元至今,仅杨尧师一支,子孙繁衍,人丁兴旺,已达230多户,1400多人。

和蓼南各地一样,由于人烟本就稠密,村舍彼此相连,所以今天的山口杨村村舍几乎与四周他姓村庄连成一片了。它北与杨家庄、付家村接壤;南至和公塘镇;东邻蓼南中学与桥头李村;西连塘湾李村与耕内陈家。和各地乡村一样,山口杨村年轻人多在外打工创业,发家致富之户不下80余户,有少数户年产值已超亿元。村民经济富裕,文化水平也不断提高,村里每年都有好几名学生考入大学,也不乏硕士、博士。

山口杨村人尊师重教,敬老亲族,慎终追远,为上、下三都的礼仪之村。每年高考发榜后,村里召饮中、小学老师与上榜学子,并唱大戏(西河戏)以助兴;清明扫墓,全村人共进午餐;九九重阳,全村为满 60 岁老人祝寿,全体 60 岁老人至村活动中心共进午餐,接受晚辈施礼,晚上唱戏添乐。

扬澜村 扬澜村位于蓼南东北,面临鄱阳湖,分上扬澜与下扬澜两个村。下扬澜村民姓李,上扬澜则大多为刘姓。据 2017 年底于下扬澜村附近湖边沙滩出土的明天顺元年(1457 年)所立《扬澜白沙潭龙王庙碑》载,碑中所涉人名多为张姓陈姓,没有刘姓,仅一李姓,也许明清易代时这些姓氏村民迁走。下扬澜村小,二十世纪八十年代初有 24 户,120 人,祖上于清咸丰年间(1851—1861 年)从老屋汉迁入;上扬澜村大,当时有 56 户、300 多人,刘姓祖上于清末由渚溪迁入。两座村子都是三面环山,东对鄱阳湖。上扬澜上离新池街近(5 里左右),大概地势稍高一点,故名上扬澜。下扬澜离上扬澜不过一里地。两个村都属东光大队(行政村)管辖,现统属渚溪村委会,村委会设在两村南的岑(cén)家岭,岑家岭是一个百余户、近千人的大村,村中多蒲、周、王姓。

上、下扬澜村之所以以扬澜为村名,是缘于此处近南北鄱阳湖交界处。南鄱阳湖水面开阔,过了松门山,称北鄱阳湖,水面渐渐收缩,鄱阳湖东、西河水在饶河口交汇,水流湍急,旋涡凶险。再往北,是都昌老爷庙水域,水道更加狭窄。所以这一带湖面,即使微风,湖水也会扬澜兴波,风大更是波澜汹涌,险象环生,令船家舟子生畏。

湖边牛车悠悠

　　两村村民长期以来,半农半渔,夏拉网,冬张豪。近二十年来,由于滥捕酷渔,鄱阳湖渔业资源减少,加之半农半渔远不及外出打工挣钱,村里青壮年都外出务工,扬澜村及附近几个村庄已不见当年的捕鱼队伍了。

　　从下扬澜村沿湖北行 2 里左右,一处临湖高崖上,有一座高 3 米、边长 2 米左右的石砌高台,正对着湖对岸都昌老爷庙,传说是当年朱元璋与陈友谅鄱阳湖大战时的点将台,实则是驻军一座烽火台或瞭望台,附近有"汛界"石碑。断岸壁立,瞭望石台耸立其上,登台远眺,风帆浪舸尽收眼底,过往船只无不在其监视之内。古时鄱阳湖是重要的军事通道,此地宋、元、明、清历代都有驻守的士兵,清代沿湖岸每隔 10 里或 20 里为一汛,驻有汛兵。汛是清军最基层军事单位,一汛有兵士数人或十数人。清时在此设扬澜汛,所以这里又称"汛上"。驻守扬澜汛的士兵生活是寂寞的,营房离村庄较远,前面是茫茫鄱阳湖,身后是绵延的沙岭,陪伴他们的只有空旷的天地和不绝的风声与涛声。

清朝灭亡,营汛兵制解体,沿湖岸驻军的营房废为民居。扬澜营汛兵撤出后,下扬澜曾有一户李姓人家住在这里,现在也离开了。传说中的朱洪武点将台石条则尽被人拆去,昔日军事要塞,只剩下呼啸湖风,萋萋荒草,满目苍凉。

下扬澜村村民冬季前往捕鱼

张家山村 张家山村在下扬澜村西北,中间横亘着几座沙山。当地人习惯称张家山,不称"村"。张家山附近有大泊头村、细泊头村、余生垄、水口万家、刘家村等几个村庄,这些村庄和张家山一样都与沙丘相伴,有的村舍紧贴着大沙丘。大泊头村位置最北,靠近原为蓼花池水流入鄱阳湖的出水口,又称"老池口",后池口被风沙堵塞,于是人们在南边新池街附近开挖新的出水通道,给"老池口"留下了一喇叭形的大沙滩,一条无名小溪在沙滩下悄然流淌。沙滩南北湖岸是绵延起伏的沙山,星子县曾在湖边沙山上建沙厂。

张家山附近几个村子原属新池乡沙山大队(行政村),新池乡与蓼南乡合并后,原沙山村的村庄大都划入渚溪村委会。新池本是偏僻小乡,而这些村尤显得偏远。

几个世纪以来,蓼花、新池一带沿湖多沙山,人们一直为沙患困扰。1949年以后,由于政府大力推行防沙固沙工作,还在蓼花乡建立沙山防治站,颇见成效,原先移动的沙丘被基本固定,沙山村委会所属的几个村庄才避免了被流沙侵吞的危险。但由于土地为沙壤,这些村田地都比较贫瘠,村民们半农半渔为生。

张家山等几个村庄都在横岭以北。大泊头村最北,张家山最南。横岭为原新池公社(乡)驻地和新池中学所在地,是一座地势稍高的黄褐色丘岭,到处裸露着坚硬粗糙的鹅卵石,岭上植被稀疏,只有几户人家。横岭以南的土地和蓼南乡大多村落一样都属重壤土,下雨天泥泞难行,唯有沙山边的自然村为沙质土,行路晴天雨天都一样。

张家山全村姓刘,据族谱记载,刘氏祖先最早由刘鹰旭率家人于明代万历年间(1573—1620年)从白鹿镇麻头一带搬迁至此。至于为何称张家山村,有两种猜测:一是附近也许有一座小山叫张家山,所以人称此村为张家山村;一是《扬澜白沙潭龙王庙碑》上多张姓人名,明清易代之际,张姓人迁徙他乡,留下了张家山这个地名。

二十世纪八十年代,张家山村有居民80多户,500多人。它与大泊头村在沙山行政村算是最大的村庄。大泊头村与细泊头村及余生垄村人都姓李,八十年代初,三村合起来有居民近90户、600多人。星子话中"泊"与"北"相近,所以一般人都称这两村为"大北头"和"细北头"。

张家山等村原本贫穷,改革开放后青壮年外出打工,渐渐富裕起来。先是李姓青年,后与张家山等邻村人外出组建中快餐饮集团,经营大中院校的食堂,再扩展到不少省、市,员工过万,影响较大,这一带村庄也多因此致富。张家山原本低矮破旧的村舍,已经焕然一新,全是新建成的多层楼房,很多村民在县城和其他城市买了房。

今日的张家山,村背后沙岭上,排列着巨大、高耸的风力发电机。村里则一片寂静,平日仅有少数老人守着空空的村落。这一带村子再也没有人在湖上捕鱼,原本贫瘠的田地也大多撂荒。

昔日清冷的横岭也变化很大,原先通往新池街的泥泞公路修成了水泥公路,公路两旁全是楼堂式的新村舍。

撰稿:景玉川

蛟塘镇

　　蛟塘镇位于星子南部,鄱阳湖西岸,东邻蓼南乡,西连横塘镇、苏家垱乡,北接华林乡,向南与沙湖山隔湖相望。蛟塘境内低岭矮丘,地势北高南低,南北最长 18 公里,东西最宽 7 公里。最高处为桥浦村黄埠岭,海拔 60.2 米;最低处为龙溪村枫山杨村,海拔 15 米。丫髻山支脉南向伸入蛟塘境内,该乡镇沿鄱阳湖地区多湖汊,故水陆交通便利,但也易遭洪涝之灾。全镇辖新宁、铁门、西庙、芙蓉、蛟塘、深耕、龙溪、槎垅、芦花塘居委会共 8 村 1 居委会,81 个村民小组,65 个自然村,人口 5658 户,24679 人(2014 年)。

　　蛟塘镇旧称起蛟塘,二十世纪五十年代,才改名蛟塘,一般村民又称吕家塘或蛟塘街。蛟塘在清代为四都,1949 年后为一区,1958 年成立蛟塘人民公社。1968 年以前,蛟塘镇疆域多有变化,1969 年后才基本稳定下来。全镇总面积 39.5 平方公里,耕地面积 16404 亩,其中水田 7448 亩,旱地 8956 亩。另有可捕捞的大面积水域及柴、草洲面积约 15 平方公里(不在全镇总面积之内)。镇政府驻地在蛟塘镇,是星子县西南部农副产品最大的集散地。

从清代到二十世纪五十年代中期,史志与地图上只有起蛟塘而没有蛟塘这个地名。起蛟塘最早又叫芦花塘,因蛟塘街中有口大水塘,塘周围有茂密的芦花而得名(此塘后被填平),所以至今镇所在的居委会叫芦花塘居委会。传说 300 多年前,春夏之交的一天,突然天昏地暗、狂风大作、暴雨倾盆,一条潜藏在塘里修炼千年的蛟龙,从塘内跃出,腾云驾雾而去。芦花塘因此而得名起蛟塘,后又简称蛟塘。至于为何又叫吕家塘,则不得而知,也许此地曾吕姓人家较多。

集　镇

蛟塘镇　蛟塘镇位于龙溪湖北偏西,距离星子县城 30 公里(公路),是全县第二大集镇,也是星子农村第一大集镇。蛟塘镇作为集市不知起于何时,至少清代就已形成,因《星子县志》(同治版)称:"四都起蛟塘市,去县四十里。"二十世纪八十年代,镇区面积 0.3 平方公里,一直为区政府和乡政府驻地。

蛟塘镇地处龙溪湖尾部,一度是县西南的水运码头,坐船从这里出龙溪湖再入鄱阳湖,可以通向各地。龙溪湖为一湖汊,面积 2 平方公里,形似喇叭,又似漏斗,喇叭口连鄱阳湖,一条溪水从漏斗尾部注入其中。溪水发源于黄龙山,绕丫髻山而下,"直至湖滨,纤绕如龙",故名龙溪,湖汊因此也名龙溪湖。

除了水路,1948 年修通了归宗至蛟塘并延伸至横塘的简易公路,1958 年后公路又经修整拓宽,这样一来,蛟塘镇水陆交通都变得较便捷。1969 年由于龙溪湖拦水筑坝,隔断了蛟塘镇出鄱阳湖的航路,水运码头遂废。但公路弥补了这一遗憾,不但路况改善,路网扩大,还修通了通往蓼南、新池的公路,蛟塘镇依然是星子县西南部农副产品重要的集散地。

星子其他乡镇都只有一条小街,蛟塘镇则有两条小街,街面一律青石铺成,街道虽狭窄,但两旁小店、小贩颇多,商品琳琅满目,应有尽有。二十世纪五十年代,县文化馆在蛟塘设文化站——也是全县唯一一处文化站。二十世纪六七十年代,蛟塘镇除了供销社、信用社外,还设有别的乡镇没有的工商银行办事处。改革开放以后,据 1992 年统计,当时蛟塘街从事商贸活动的个体工商户有 230 余家。

在近代革命史上,蛟塘镇是著名的"蛟塘暴动"发生地。土地革命时期,在共产党人领导下,蛟塘一带农民运动活跃,星子早期的共产党人胡德兰、胡德畛、刘星彩等都是蛟塘人。1930 年 5 月,赣东北特委书记黄光(一作黄刚)和刘星彩、龚谦、胡明虎等星子地方党领导人,根据上级指示,决定发动"蛟塘暴动"。5 月 3 日这一天,他们带领 200 多名红军游击队员从横塘、汤家港、蓼南出发,分三路奔赴蛟塘镇,攻打这里的国民党驻军。队伍出发不久,天突降大雨,道路泥泞难行,汤家港一路暴动队伍行至大屋郭村时,不料被敌人发现,敌人是正规军,武器又远胜于暴动队员。战斗打响后,还有一路暴动队伍尚未赶到……暴动因此失利,数十名红军游击队员牺牲,鲜血染红了蛟塘街前的河水。暴动失败后,脱险的游击战员大部分转往湖北阳新,加入赣鄂红军队伍,后编入红四方面军。1933年成为红四方面军第三十一军参谋长的龚炳章和1949后任江西省石油公司副总经理的胡崇秀,都是其中之一。

龙溪镇 龙溪镇据说在龙溪湖畔,具体地点今已无法查考。《星子县志》(同治版)称:"龙溪在县西南五十里……溪头有二井。深不可测。世传龙溪镇,有龙溪夫子大殿,遗址尚存,今无考。"

古　村

龙溪村 史传人物的多少,往往是衡量一个地方历史是否厚重的标志。蛟塘镇龙溪行政村不大,却有着好几位进入县志、省志的人物,在星子算是非常独特。龙溪行政村有12个自然村,其版图像一座半岛,伸入鄱阳湖两个湖湾之间,东为龙溪湖,西为寺下湖。12个自然村中,湾里胡家与龙溪刘家紧邻,近龙溪湖出口,离蛟塘镇七八里。据湾里胡家胡氏家谱记载,明正德年间(1506—1521年),胡姓开始迁入此处定居,因地近湖湾,故人称湾里胡家。二十世纪八十年代初,湾里胡村有村民81户,500多人。龙溪刘家在湾里胡村南边,更近龙溪嘴。《刘氏宗谱》载:刘氏祖先于明永乐年间(1403—1424年)由安义迁居于此。二十世纪八十年代初,刘村有39户,240多人。在蛟塘一带,胡村与刘村算中、小村落。

胡、刘二村在星子之所以出名,尤其是湾里胡家,因为两村都有人物载入地方史。湾里胡村为胡德兰、胡德畛姐弟,龙溪刘村则是刘星彩,他们都是星子早期共产党人。

胡德兰(1905—1995 年),十几岁赴南昌桑蚕学校学习,积极参与爱国学生运动,1925 年加入中国共产党。这一年胡德兰经胞弟胡德畛介绍,结识了革命家、闽赣苏区的创建人和主要领导人之一的邵式平,1927 年与邵结婚。胡德兰是星子县第一位女共产党员,也是赣东北第一位女红军,闽赣省苏维埃第一任妇女部长。土地革命时期,她曾任闽浙赣省军区供给部部长、闽赣省苏维埃政府教育部部长、中华苏维埃共和国国家医院院长;抗日战争与解放战争期间,她曾任晋察冀边区粮食局秘书主任、嫩江省粮食局局长等职。中华人民共和国成立后,邵式平为中共中央候补委员、江西省委副书记兼江西省省长。胡德兰则历任江西省妇联副主任、省工业厅副厅长、省计委副主任兼省物资局局长,她还是江西省第四届政协副主席、第五届全国人大代表。1995 年 8 月,胡德兰于南昌病逝,终年90 岁。

胡德畛(1906—1928 年)为胡德兰的亲弟弟,1921 年,15岁的他赴南昌一中就读,与邵式平交往甚厚,后入武汉军校学习。1926 年,胡德畛随北伐军进军江西。大革命失败后,他参加了南昌起义。不久胡因病回乡,参加与领导了星子武装暴动。1928 年 3 月胡德畛到赣东北,参与创建赣东北工农红军。同年 6 月,任工农革命军第二军第二师第十四团第一营第一连连长。在粉碎国民党对弋横根据地的第一次"围剿"的斗争中,胡德畛率部与敌周旋,参与指挥金鸡山战役。同年 8 月,因病隐藏于弋阳曹家芳山上破庙,不幸被敌发现。8 月 16 日,在弋阳烈桥沙滩上从容就义,年仅 22 岁。

刘星彩(1905—1930 年),字茂振,幼读私塾,1924 年入星子西宁职业学校就读。在校期间,他与后任中共星子县委书记的卢英瑰相识,并成为好友。1927 年经卢英瑰等介绍,刘星彩加入了中国共产党。同年秋天,他跟胡德畛在蛟塘、苏家垱、蓼南一带开展农民运动,活跃于星子、永修、德安边界之间。刘星彩任中共蛟塘地区党支部书记,参加了"十·三"星子暴动和"八一九"暴动。刘星彩所领导的地方农民武装被正式编入赣北红军游击队。1930 年,刘星彩与星子区委负责人在排山垅开会,由于叛徒告密不幸被捕。敌人将刘从水路解至南昌,不久后刘星彩英勇牺牲,时年 25 岁。

与胡德兰姐弟和刘星彩村庄相距咫尺的村子,还有一位入传的历史人物叫胡崇秀(1900—1954 年),他是畈上胡村人。畈上胡村与湾里胡村相邻,只是畈上胡村属芙蓉行政村,村子较大,二十世纪八十年代有 84 户,500 多人。胡崇秀年龄比胡德兰等稍大,小时很穷,后到铁匠铺当学徒。在刘星彩、胡德畛的影响下,胡崇秀开始参加农民运动,1928 年由刘星彩介绍加入中国共产党。胡崇秀参加了两次攻打星子城的战斗和蛟塘暴动。1930 年蛟塘暴动失败后,胡崇秀随队伍北上阳新,后编入红四方面军。他参加了红四方面军长征,到陕北后又随即编入西路军,参加惨烈的西征。西路军失败后,胡崇秀历尽千辛万苦,九死一生,于 1938 年回到延安,先入抗大分校学习,后任中央管理处第二办事处主任。抗战胜利后胡崇秀赴东北,一直在后勤部门工作,1949 年分到江西,曾任江西省石油公司副总经理。胡崇秀生前多次负伤,铁匠出身的他变得体弱多病,1954 年不幸过早病逝。

当年不少龙溪村与附近的农友,在胡德畛、刘星彩等的引导下参加革命。他们在残酷的征战中,为自己的理想献出了生命。胡德畛、刘星彩当年的战友,或牺牲在"蛟塘暴动",或逝于长征路上,或牺牲在其他战斗中……除了上述四位先辈,他们大多没有留下自己的姓名,其英勇事迹也不为人所知,他们是无名英烈。为缅怀先烈,让后人永远铭记他们,1988 年人们在距蛟塘镇数百米处,为在大革命时期献身的英烈们立起了一座革命烈士纪念塔。

铁门程家　铁门程家在蛟塘镇东 7 里左右,是蛟塘镇最大的屋场,也是星子县最大的屋场。长期以来,星子人几乎没有人不知道铁门程家的。

程氏族谱云:程氏祖先最早在周成王时受封"程伯",始有程姓。星子程姓则始于程氏七十九世祖程继宣,他是北宋理学家程颢(hào)的后裔。程继宣于宋徽宗崇宁四年(1105 年)任南康军学正(负责执行学规,考察训导),入星子籍,"始居赤岸(南康镇)冰玉涧",其子程千秋曾封奉议大夫。后程氏子孙迁往蛟塘、蓼南、华林一带,子孙繁衍,至今已有三十多代。由于人口多,程氏渐散居星子他乡,但以铁门程姓村为最大。程姓也是最早迁居星子的姓氏之一,二十世纪八十年代地名普查,星子县 70% 以上的村庄都是明代以后迁入的。铁门程家一支,则早在北宋就落户星子了。

　　大概在明洪武三年（1370年），程颢第十世孙程时中率族人迁居今处。二十世纪八十年代统计，当时铁门程家有182户，1000多人，今天程村已经2000多人了。至于为何叫"铁门程家"，传说程时中有后人程少川（字栋祖）任福建省同安县县丞（知县副手、正八品）时，有一出身寒微的秀才刘某，因拖欠钱粮数载要受处罚，程少川惜才，同情刘的遭遇，于是代刘缴纳银两，刘得以保持功名。几年后程少川转任湖北当阳县令，任满后即解组归田。而刘某在程少川离同安后于嘉靖年间（1522—1566年），一路连中举人、进士，仕途也非常顺利，后任江西巡抚。刘赴任后即到南康府寻访恩人程少川，谢以金银，程再三推辞不受；欲为其奏升官职，程则推托年迈。刘某苦于难以为报，听身边人说程家正新建房屋，于是刘便将自己的遭遇上奏于朝，请求赐程家以铁门，皇帝准奏。从此，人们便将程村称为铁门程家。

　　除"铁门"的传说外，铁门程家的祠堂也颇有名气。祠堂始建于清初，迄今有280多年，风雨沧桑，依然保存。2000年程家祠堂被列入县级文物重点保护单位，祠堂戏台则被收入《中国戏曲志（江西卷）》中。

　　铁门程氏祠堂，是程氏后人为纪念先人程颢、程颐而建。程颢（1032—1085年），人称明道先生，其弟程颐（1033—1107年），人称伊川先生，故此祠堂又名程明伊先生祠。程颢和其弟程颐曾共同求学于周敦颐，人称"二程"，二人同为北宋哲学家、教育家、诗人和北宋理学的奠基者，其学说后为朱熹所继承和发展，史称"程朱学派"。

　　程氏祠堂建于清雍正十二年(1734年)。有记载云:祠堂于该年农历"七月二十七日起工兴建,照丁捐资,逐户赠工。裁基址于中湾,采木料于西江,造砖瓦于本地。隆其栋宇,厚其垣墙,密其张盖,工程浩繁,只数月祠宇成,其规模之宏大,巧成杰构。祠堂坐东北向西南,长24米,宽12米,高17米。一栋两厅。正堂设神龛安放程氏家谱,两侧嵌有程颢、程颐石像,庄严肃穆。门楼居前,上构戏台,四角高翘巍然壮观。中堂天井十级麻石台阶,步步高升。门楣上端书'程明伊先生祠',楹联题曰'唐氏忠贞著绩,宋代理学名家'。祠堂左侧建有义学堂一所,为本族子孙读书习礼之地。门前池塘碧波荡漾,晶莹昭鉴"。

程氏祠堂戏台

　　桥浦村　桥浦行政村如今划归苏家垱乡,长期以来,在人们意识中都视桥浦人为蛟塘人。无论1986年出版的《星子行政区划图》还是1992年出版的《星子县志》,桥浦村都在蛟塘镇版图之中。桥浦村与蛟塘有较长的渊源,源自庐山、50 里长的横塘港从北向南,流入寺下湖,至蛟塘境内,它将蛟塘、苏家垱两乡隔开,蛟塘在港东,苏家垱在港西,桥浦亦在港之东,且离蛟塘街很近。长期以来桥浦一直归属蛟塘,所以桥浦人对蛟塘有着深深的身份认同。"文化大革命"中桥浦行政村被划归新成立的蚌湖乡(公社),二十世纪八十年代又回归蛟塘,九十年代再次被划出,桥浦与蛟塘,纠结而缠绵。

蛟塘所属湖洲牧归图(陈家国速写,1990 年)

蛟塘多于姓,蛟塘于姓也多集中在桥浦,其行政村所处田园称桥浦畈,面积 2.8 平方公里。之所以称桥浦,因明正统年间(1436—1449 年),桥浦湾附近建了一座桥浦桥。桥浦畈一带有 11 个自然村,其中 8 个是于姓村:祠堂湾、老屋于、新屋于、学官于、八房于、厚德于、箭下于、雷公岭于家。蛟塘于姓都来源于桥浦的老屋于家,其始祖于元世祖(1260—1294 年)后期从江州迁居此地。据二十世纪八十年代初统计,这些于姓村共有村民 1000 多人,人口与铁门程村相近。桥浦于家历史上也不乏人才,其中学官于家明代出过德安县丞;箭(楼)下于家明代有武官于启安。

由于紧邻横塘港,又近寺下湖,桥浦畈的风光令人赏心悦目。这里山野、田园、寺观、小桥、流水,组成一幅天然图画。曾任知县和书院山长的清代星子诗人查正旟(yú)(1764—1833年)深秋时节游桥浦,为境内的桥浦观作了一首五律:

> 秋情幽倍适,随兴渡溪田。
>
> 俞岭元通径,欹崖不碍川。
>
> 霜浓山木末,水落石桥边。
>
> 未敢舒长啸,恐惊白鹤眠。

撰稿:景玉川

华林镇

　　华林镇地处星子县域中心,东临蓼花镇,南连蓼南乡、蛟塘镇,西邻横塘镇,北靠温泉镇。华林镇地势西北高东南低,山垅相间,最高处为黄龙山主峰,海拔 440 米,西部与北部多泥质黄岩和少数千梅岩风化物,西南为黄壤土,东南为湖积物。全镇面积 44.9 平方公里,辖华林、共同、虎口冲、桥北、花桥、桃林、吉山、繁荣、黄龙林场,共八村一场。有耕地面积 14269 亩,其中水田 11494 亩,旱地 2775 亩,总人口 26000 余人(2005 年)。镇政府驻地陈家岭,人称新花桥街,距县城 26 公里。

　　华林镇在清朝中叶为星子县二都,清后期至民国年间归属周边行政区域。1949 年以后华林属第二区,1956 年属温泉区,1958 年则分属温泉、蛟塘公社;1961 年从温泉公社划出 11 个大队成立花桥公社,1964 年从蛟塘划出 6 个大队成立吉山公社;1968 年花桥、吉山二公社合并为花桥公社,华林行政区域到这一年才基本确定下来,至今未变。1984 年公社改乡,花桥公社更名为花桥乡;1985 年又更名为华林乡;1999 年撤乡改镇,华林乡更名为华林镇。

镇名华林,因境内有座华林山。其实此山也有几个名字,古时曾名金精山,明以前则称"画岭",民国三年(1914 年)绘制的地图上则标为华龙山,不知何时人们将"画岭"变成了华林山。正如吴宗慈《庐山志》中所言:"地无常名",尤其是那些偏远的山、岭、溪、涧。

华林镇的地形有些特别:它的东、北、西三面边界都为山岭,以西部边界为最。东部边界有华林山,海拔 250 米;西部则有黄龙山、大尖脑、枭木山、和尚脑与丫髻山,海拔分别为 440 米、336 米、240 米、240 米、317. 9 米。也许由于山岭多,故华林镇矿产资源也比其他乡镇丰富且品种多,除了花岗岩、青石(板岩)、石英、长石、石煤、高岭土,还有重要的稀有金属矿藏——铍矿。花岗石分布在华林山;青石主要产于丫髻山;石英多分布于枭木山;长石则产于华林村、共同村一带丘陵山地;高岭土分布于华林、共同等地;石煤产于汤家堰一带。华林山岭多,溪流也多,所以在二十世纪大兴水利建设时期,华林镇建起了十几座小型水库:如白石嘴水库、龚家垄水库、贾家垄水库、中垄水库、斗米岭水库、黄岭河(湾)水库、瓠子湾水库、金山垄水库……

1998 年特大洪灾,由于地近蓼花池,华林很多村庄房舍田地被淹。灾后在政府的大力帮助下,华林搞起了移民建镇,原有的村落格局被改变,不少姓氏不同的村舍或混居在一起,或数村村舍相连。

集　镇

　　华林历史上曾有花桥市、横铺和新花桥街三处集市,前两处都很小。

　　新花桥街　新花桥街在陈家岭,是镇政府驻地。因华林镇的前身为花桥乡,其行政区域到 1968 年才基本固定下来,所以陈家岭作为华林镇政府所在地成为政治、文化、经济中心,陈家岭集市是后来才有的,历史不长。为有别于历史上的花桥街,人们习惯地将陈家岭集市称作"新花桥街"。

　　陈家岭近邻县城至蛟塘的公路,原是一陈姓村庄。据宗谱记载:陈氏村民祖先于明末从永修迁居于此,一直是普普通通的江南小村。1961 年成立花桥公社后,陈家岭成了公社驻地,居民增加,尤其是有了政府工作人员,渐渐聚集了人气,建起了公社(乡)办公楼、小学、中学、供销社、卫生院……昔日的陈姓小村,于是成了新的集镇。

　　随着经济的发展,人民生活水平提高,新花桥街规模不断扩大,商铺增多,街市繁华,人们熙来攘往,热闹不让县里他处集市。

　　花桥市　花桥市又叫花桥街,是已知华林地区最早的集市,《星子县志》(同治版)称:"二都花桥市,去县二十里。"说明至少在清代,花桥市就是有名的集市。

　　花桥市在今胡家岭村(花桥行政村驻地)一带,临近蓼花池。没有公路之前,乡村间的大道虽要攀山渡水,但距离一般较后来的公路近,集市也会出现在这些交通要道旁。胡家岭就是这样一处适宜有集市的地点,通公路之前蛟塘至蓼花的交通要道要经过这里。集市之所以叫"花桥",则缘于附近有一座名花桥的青石桥。这座青石桥也有些来历,传说建桥的是一位乞丐。乞丐星子话称"告化子",这位不知姓名的"告化子"见大路上缺一座桥,行人来往不方便,便将自己多年乞讨的钱捐出来,建了这座青石桥。为纪念这位靠乞讨造桥的"告化子",人们将此桥称"化桥"。时间久了,大概人们嫌"化桥"名字不雅,于是改为"花桥",旁边的集市也就叫花桥市,附近一座岭也叫花桥岭,还有一处叫花桥湾。据老人们记忆,当年的花桥市(街)有小街,四五间店铺,是星子二都乡间的热闹去处。

二十世纪四十年代修归宗至蛟塘的公路,在原青石桥南数百米处另建了一座新桥,大道南移,旧桥遂弃,花桥街(市)也渐渐冷落。但"花桥"这一地名却一直保存。

横铺 横铺又叫横铺子,在华林北部,离新花桥街3公里左右,温泉至华林镇政府的乡间公路从村边经过。《江西省星子县地名志》(未刊)云:"明正德年间(1506—1521年),八都横塘铺有夏姓在此开铺,故名。"横铺古时虽只有店铺两三家,但却是横塘至县城的主要通道。清光绪进士、曾任河南知县的范钟(1859—1913年)曾走过这条路,还留下了两首七绝《横铺道中雨后村色殊绝》,诗云:

> 万剑磨查绿更铺,征衣湿尽鸟相呼。
>
> 投林急逐溪声走,我已乾坤一笠无。

归云绕岫欲为烟,倚涧何年耳自怜。

种碧成梯梯泻玉,泥他(夹求)呜咽出山泉。

随着现代公路的出现,横铺作为一处小集市渐趋冷落,乃至消失。如今的横铺已成了普通的乡间小村,二十世纪八十年代初仅有村民 20 户,100 余人。

古　村

大屋宋家　大屋宋家又叫白石嘴宋家,在华林境内算是大村庄,它位于华林西北部、黄龙山麓,华林宋氏都源于这里。由于屋场大,所以人称大屋宋家。二十世纪八十年代初,村里有居民 111 户,600 多人。1980 年以前,这里有厂矿和中小学,所以村庄也颇有名气。

大屋宋家在星子有名,不仅在于它村庄大,人口多,山清水秀风光好,还因为宋村出了两位出名的人物,他们的名字都被载入了《江西通志》。这两人一位是宋惟善,一位叫宋之盛。宋惟善(?—1449 年),字徵士,明英宗正统年间(1436—1449年)为锦衣卫(皇宫卫队)锦衣校尉,属下级军官。正统十四年(1449 年)七月,蒙古瓦剌军入侵,英宗受宦官王振蛊惑,御驾亲征,被围困在河北怀来县东土木堡。瓦剌军进攻土木堡时,宋惟善作为皇宫卫士,为护卫英宗皇帝奋不顾身,用身体挡住敌军射来的乱箭而身受重伤。伤后的宋惟善仍扑向敌阵,最后战死在沙场。英宗虽幸存,但被瓦剌军俘虏。此役就是历史上著名的“土木之变”,又称“土木堡之变”。英宗回京,八年后

（1457 年）复位，当年"死于国难"的宋惟善等功臣的后人也受到封赏。

宋惟善出征之前，其妻已怀身孕，宋将其安排到星子舅父家。宋惟善罹难后，其妻生下一子，取名宋僖，宋僖母子从此就在星子住下来。宋氏这一支也将宋惟善作为星子始祖。宋僖生有八子，子孙繁衍，宋氏就这样在星子昌盛起来。

宋之盛（1612—1668 年），明末清初著名学者、理学家、隐士。之盛为宋惟善后裔，惟善是其八世祖。宋之盛字未有，又名宋惕。之盛四岁丧父，少时读书，一目数行，崇祯十二年（1639 年）中副贡（在乡试录取名额外列入备取，可入国子监读书，称为"副榜贡生"，亦称中举），时年 27 岁。宋曾游扬州等地，后回乡授馆为业，不久清兵南下，明朝亡，宋之盛痛心疾首，遂更名宋佚，隐居黄龙山青霞观讲学，后迁丫髻山。他足不入市，潜心理学，以授徒讲学为业，四方来会者众，世称髻山先生。与宋之盛一起归隐的还有吴一圣、查世球、查辙、余晫、夏伟、周祥发六人，人称"髻山七隐"。宋之盛还与南丰程山谢文洊、宁都翠微峰魏禧等著名学者聚论甚密，并称"江西三山"。清康熙四年（1665 年）夏，宋之盛、谢文洊、魏禧在南丰程山学舍大举讲会，谈论程朱理学，听者甚众，形成"江西三山学派"。因宋之盛学问、气节为人称道，被后人推为清初"江西三山学派"之祖。顺治七年（1650 年），江西巡抚蔡士英曾礼聘宋之盛为白鹿洞书院山长，宋婉拒。宋之盛虽生计日渐贫苦，但他愈加砥砺操行，鸡鸣而起，静坐养气，每逢国丧之日，穿明朝衣冠，闭门谢客。宋病逝后，门人私谥文贞。后奉旨入乡贤祠，从祀白鹿洞书院。宋之盛一生著作甚丰,有《仁论》《程山问辩》《诗文杂编》《匡南所见录》等书传世。

除两位名人外,大屋宋家附近枭木山还藏有宝贵的矿产。枭木山貌不惊人,最高海拔240米,面积2平方公里,却蕴藏着一种稀有金属——铍。铍含于人们所称的绿柱石中,绿柱石则藏于石英岩脉与伟晶岩脉中,华林绿柱石含铍量为12%～13%。铍主要用于原子能、航天工业,此矿于1958年开始开采,产品供给苏联。在当时情况下,此矿为保密企业,命名为201矿,有工人数百,矿部在大屋宋家旁。当时花桥公社中学也在此(1980年才搬迁至今址),据当年的中学生回忆,他们每周都有半天要到201矿去勤工俭学,帮助挑选含铍的石英。

中苏关系恶化后,201矿停办,矿井被封闭。《星子县志》(1990年版)称:"此后,凡挖得绿柱石者,由非金属矿产公司以低价代为收购,统一储存。"

桃林李家　桃林李村在华林东南,距新花桥街约4里,也是星子县的大屋场。桃林李村又分上湾李家和下湾李家,下湾人口稍多,但两村相距很近,如今已屋宇相连了。

据族谱记载,桃林李氏星子先祖李良才、李克明兄弟于宋末元初从永修一处叫磨刀塘的地方迁居到蓼南渚溪镇。明初,李氏后裔李友明率家人迁往华林板桥一带,李友明后人李永钊迁居今桃林下湾;其兄弟李永康、李永忠则迁居桃林上湾。

李姓在全国属大姓,在星子也为大姓。据二十世纪八十年代初统计,当时桃林李村有149户,800多人,比大屋宋家还多。如今上湾与下湾共有村民已近2000人。

曾任全国人大代表、民盟江西省委员会主委的李柱是桃林李家人。李柱（1918—2015 年），桃林上湾人，原名李泰昌，青少年时期在李一平办的"存古学堂"读书，1937 年学校被蒋介石勒令解散后，赴延安吴堡青年培训班学习。他后入陕北公学，在公学加入中国共产党，1938 年毕业后回江西参加抗日工作。1947 年李柱参与创建民盟江西地方组织，1948 年奉上级指示赴九江一带组织武装斗争，配合人民解放军南下。

1949 年以后，李柱历任民盟中央委员，省政协委员、常委，政协副秘书长，省人大常委，省人大教科文卫委员会副主任。他当选为第三、五、六、七届全国人大代表，2005 年 9 月荣获中共中央、国务院、中央军委颁发的中国人民抗日战争胜利 60 周年纪念章。2015 年 3 月，李柱病逝，终年 97 岁。

景家港 华林境内有两条称"港"的小河，均呈西北—东南走向，最后都流入蓼花池。两河一条叫虎口冲港，一条叫花桥港。前者长 7 公里，后者长 9.8 公里。《星子县志》（1992 年版）云：花桥港"又名板桥港，源出（庐山）南康尖，由西北向东南，经温泉乡至华林乡，流入蓼花池"。

景家港在花桥港南，紧靠华林镇镇政府所在地，属桥北村委会。景姓属小姓，附近县市很少见，景家港是星子景姓最大的村庄。

史载景氏渊源主要有二：一为黄帝芈（mǐ）姓后裔；一为炎帝姜姓后裔。前者最早分布在楚地（今湖南湖北一带），后者则在齐鲁（今山东一带）。

景姓在春秋战国期间，是江南楚国三大姓氏之一，这三姓分别为熊（昭）、屈、景，均始出于芈姓。楚王姓熊，屈、景二姓则为王室分封的同族。春秋战国时屈姓中杰出的人物有大诗人屈原，景姓则有景差。景差与屈原齐名，也是那个时代杰出的文学家，有《大招》传世。秦末，有民谣天下传唱："楚虽三户，亡秦必楚"，不知是否是指这楚地三姓？

汉继秦统一天下后，因惧怕诸侯势力再起，遂强迁居六国豪族到京都附近。汉初楚国王族熊、屈、景三姓此时也被迫迁往晋阳郡（今太原）。景姓因而成为晋阳显赫的姓氏之一，后来景姓的"郡望"为"晋阳郡"即由此而来（"郡望"即郡中显贵的家族）。发源于楚国的景姓子孙，今天多分布在山西、陕西关中及河南西部等地区。

景姓中历史名人，东汉最有名的为景丹。景丹字孙卿，封栎阳侯、骠骑大将军，是东汉的开国元勋，光武帝刘秀云台二十八将之一。据考证，景丹的子孙分布在江南一带，因此，景丹被认为是星子县景姓的始祖。

江西饶州（今鄱阳一带）曾为天下富裕之地，景丹后裔在此居住了很长时期，历经三国、两晋、隋、唐、宋、元，计千余年。元末明初，饶州景姓一支由景家甫率家人迁往星子渚溪。渚溪在星子县城西南鄱阳湖边，是交通要道与重要的军事通道，繁华不让县城。景家甫为明经博士（大学教师），儒雅好文，性爱山水，因喜星子背匡庐面鄱阳湖，山川秀美，遂举家离饶州定居于此。星子因此有了景姓人家，景家甫也因而成为星子景姓的一世祖。

自景家甫以后，景姓子孙支派繁衍，苗裔昌盛，若干代后，一支留住蓼南扬澜竹叶山,一支迁居二都老鹤畈、罗汉树(今华林景家港一带)。至明嘉靖十七年(1538年),一支由罗汉树迁往八都(今横塘乡)麻(麻)源山。清末,又有一支迁居县城……时至今日,景姓子孙分布在华林、横塘、蓼南、县城与白鹿诸地。

据2010年统计,横塘乡红星村11组有景姓40余户,200多人;蓼南乡渚溪村9组近20户,100多人;华林乡桥北村12组与16组分别为12户、50余人和25户、120余人;县城与白鹿镇五里村8组有近20户,100余人;最大一支为华林乡桥北村9组(景家港)有100多户,600余人。1998年世纪大洪水,桥北村一带均遭洪灾,在政府资助下进行了移民建镇,桥北村景家港(9组)与12组、16组的景姓子孙已屋舍相连,与新花桥街合在一起了。

景家港旁的花桥港,二十世纪末还水流清澈,游鱼历历,孩子们夏天常在港中摸鱼、戏水,可惜如今水浊难闻,港中已无鱼可捞了。

撰稿:景玉川

华林镇

129

横塘镇

　　横塘镇位于星子县中西部,东接华林乡;南邻泽泉、苏家垱、蛟塘三乡;西与九江县交界;西北为隘口乡(已与温泉镇合并)。蛟(塘)钱(家墩)公路穿越境内与 105 国道相接,源于庐山南康尖的横塘港经隘口从北部入境贯穿横塘南北流入鄱阳湖湖汉寺下湖,全长 24.2 公里。横塘镇地势北高南低,山垅多,开阔田畈少,总面积 30.1 平方公里,有耕地 9619 亩。全镇辖和平、西平、故里垅(东升村 2003 年并入)、红星、联盟 5 个村委会,66 个村民小组,76 个自然村。2005 年末有居民 3655 户,15562 人,其中男性 8238 人,女性 7324 人。

　　横塘清代称八都,民国时期,撤都改称横塘乡。1950 年横塘乡分出复兴乡、石嘴乡、同盟乡,属一区管辖。1952 年,增设横塘区(六区),仍设石嘴乡、横塘乡(复兴乡)、同盟乡。增辖观音桥片的自由、觉悟、茅桥、五里、栗里、大湖 6 个乡。1956 年,撤区并乡,石嘴、同盟、横塘合并为横塘中心乡。1959 年 2

月,横塘乡改称横塘人民公社。1968 年 11 月,横塘公社并入隘口公社,1972 年又恢复横塘公社。1984 年 5 月撤公社改乡,改名横塘乡。1999 年 5 月撤乡建镇,改称横塘镇,镇政府驻横塘铺,距县城 30 公里。

横塘镇面积不大,却颇有名气,一是此地储有丰富的青石资源,石质好、品位高,人们用来做石碑、桌板、铺路、盖房,尤以产"金星宋砚"出名;二是进入二十一世纪以来,这里羽绒产业突起,闻名远近,随着电商交易发展,更促进了横塘镇羽绒业的繁荣。还有一件事曾名重一时:二十世纪六十年代,县农业科研人员在横塘乡曾培育出名为"星横一号"的晚稻优良品种,一时传为佳话,惜已被人遗忘。

集　镇

横塘镇　横塘镇在乡镇中部,横塘港与故里垅溪水一西一东在集镇南部交汇。每条溪水两侧为难得的河谷平畈,平畈间是肥沃的稻田,人们将两处谷地称作长港垅与故里垅。长港垅长 7 里,宽 1 里余;故里垅长 6 里,宽约 1 里。

古时这里为星子通往德安的一处驿站,名黄塘铺,又叫黄花铺。据说,因清乾隆年间有黄姓人从都昌迁居于此,故名黄塘铺,后渐渐成为小集市。《星子县志》(同治版)云:"八都黄塘铺市,去县四十里。"说明至晚在清中期横塘就已成为集市。过横塘铺再往西偏南十里,是泽泉乡境内的茅桥驿(铺)——星子至德安的最后一座驿站。1948 年中国人民解放军晋冀鲁豫军区司令部根据民国三年(1914年)"所颁地形图"复制的星子地图上,写的也是"黄塘铺",星子人也有称黄土铺的,不知何时变成了横塘铺?

横塘镇有一字小街,长百米,由于是青石之乡,街上一律青石街面,两旁五金、布匹、饭店、药铺等一应俱全。街上还有旅社,二层,一二十张床位。由于是乡镇政府驻地,又地处中心地带,为全乡的政治、经济、文化中心,因而小镇人气颇旺。横塘街四周青山绿水,村舍错落,鸡鸣犬吠,一派优美的田园风光。二十一世纪以前,乡村多独轮车,清晨,村民的独轮车辗过青石板小街的吱吱声,成了小镇独有的"晨曲"。

二十世纪九十年代以前,横塘乡(镇)政府设在小街北头一幢数进的青砖大屋里。这是座祠堂式的建筑,占地数百平方米,门楼高大,浮雕精美。外有高高耸立的马头墙(又叫风火墙),内有几道"天井",几重走廊,厅堂和厢房,楼上楼下厢房均为客房,可住近百人。

1959年代表在横塘公社厅堂选举公社领导

丰富的青石资源固然使当地经济得到发展,但盲目的开采与缺乏规范也有负面影响。据称近些年横塘镇天然板岩园区加工企业发展到数百家,无疑有害于环境。曾经清秀的横塘小镇尽管街两旁盖起了气派的楼房,但充满江南诗情画意的小镇踪迹已无从寻觅。多年为乡政府办公地那幢一进几重的祠堂式的建筑,本是难得的乡间古建筑精品,也早已灰飞烟灭。

周家巷 周家巷在镇西北 6 里左右,邻近隘口乡(今与温泉镇合并),隘口至横塘的乡间公路傍着横塘港穿村而过。周村原为小村,二十世纪五十年代通公路后,开始有了集市,出现了数家店铺。

选举投票结束后统计选票

周家巷先祖叫周仲贤,明洪武年间(1368—1398 年)曾任河南焉陵县知县,卸任后他看中了这里山水风光,率家人从九江县楚城乡(今马回岭一带)迁居于此。二十世纪八十年代初,小村有村民 35 户,150多人。

龙潭查家 龙潭查家地图上已改为墈上查家,村在横塘镇东南 5 里左右,邻近蛟塘镇。横塘港水从村前流过,经蛟塘桥浦入寺下湖,再汇入鄱阳湖。龙潭查村曾是横塘唯一的水上码头,当地产的青石,一般都用船或排筏运载,顺着横塘港出境入鄱阳湖运往各地。婺源徽派古民居大宅中人们所见到的那些贴墙防盗的大青石板,都是来自星子横塘,从龙潭查家码头起运的。《星子县志》(1990 年版)称:(龙潭查家)"在县城西南33 公里,原为青石出口季节性码头,因寺下湖堵口而废。"之所以是"季节性码头",因为鄱阳湖为季节性湖泊,秋冬枯水期水

明代横塘龙潭桥

面萎缩,入湖溪流水量也会变小。而青石易破损,大且重,重者数吨,水小了船筏运载不动,只能在春夏丰水期航行。

有码头必有集市,所有的青石制品都经这座码头外运,年出口量很大,龙潭查家的集市自然也喧哗热闹,颇具规模。1968年人们在10平方公里的寺下湖湖口筑坝,断绝了横塘港对外的水上通道,横塘青石便改用车运另走公路,龙潭查家这座历史悠久的水上码头也随之废弃,集市从此冷清并渐趋消失。

龙潭查家不再繁华喧闹,但横塘港水依然在村前流淌,港水清澈,石桥如画,映衬着古村另一种风韵。据族谱记载,龙潭古村的查氏先人于明永乐二年(1404年)迁居于此,至今已有600多年。二十世纪八十年代初人口谱查,村里有村民126户,近700人。

古　村

　　石嘴熊家　　石嘴熊家属和平行政村,在横塘镇西北 3 里左右,西为港,东邻通往睖口的公路,在全镇算是大村庄,也是古村。据说石嘴熊家是明洪武年间(1368—1398 年),其先祖率家人从湖北省搬迁至此,繁衍已数十代。二十世纪八十年代初有村民 96 户,近 600 人。

　　石嘴熊家这村名在前面提到的 1948 年地图上,标名为"沙咀熊家"。这"咀"字实应是"嘴",以表示形状;"咀"则为咀嚼,由于星子话"咀"与"嘴"同音,所以当时都写成笔画少的"咀"。令人奇异的是,在横塘"熊"又被读成"荣",初来的人常将石嘴熊家当作"石嘴荣家"。石嘴熊家村的地理位置也好,位于长港垅较宽处,左傍清溪,右邻大道,交通便捷,田园平旷,风光迷人。

　　石嘴熊家令人羡慕之处,还在于它离"玉泉井"很近。玉泉井在公路东侧的小山犁头尖山脚下,绿荫中一座四面青石围成的井圈,面积不足 2 平方米,井水清澈,环境清幽,水质甘甜可口,常年水温在 10℃左右,冬不凉,夏解渴,且四季不竭。更奇异的是,这泉水还可以疗病,喝了不拉肚子,不腹痛,所以远近闻名。据说离玉泉井最近的石嘴熊家与新屋曹村两村村民家里一般不烧茶水,家家"以泉代茶,常年以泉代酒,以泉代药"。1984 年经省有关部门检测,玉泉井水含多种有益于人体的微量元素,含量超过一般矿泉水,有很高的开发和利用价值。

横塘镇

当时的乡政府为了方便群众,特地对玉泉井进行了修缮与扩建:扩大井面,并在井旁建了凉亭……可惜开发商们为了追求利润,长时间盲目无序地开采青石,泉旁的犁头尖山原来绿树成荫,今山体已被掏空,昔日幽静的赏泉地终日机声隆隆,尘土飞扬,废石满地,千年玉泉井也被堆积如山的废石掩埋,永远消失了。

石嘴熊家西还有一座有名的岭,因形似箬笠故叫箬岭(又名落岭)。箬岭不高,山体也不大,海拔 261 米,面积 500 亩左右,但却蕴藏着优质的砚料。箬岭所产砚台中可见点点金斑(自然铜,即黄铁矿),故名金星宋砚,又叫金星砚。金星砚的开采已有数百年历史,因而横塘也不乏砚石雕刻人才。星子城通鄱阳湖边的一条街曾叫砚池街,多专门销售横塘金星砚的店铺。

新屋曹家　新屋曹家在横塘镇西北,相距不过 2 里,村前有隘口至横塘的公路。稍南另一曹姓村庄叫老屋曹家,二村曹姓为同一先祖。据族谱记载:明洪武年间(1368—1398 年),曹真六率家人从德化县(九江县)荻田搬迁至横塘。

清代曹龙树故居

景泰年间(1450—1456 年)曹真六之孙曹仲诚一支又迁至新屋曹家,最先形成的村子因此称老屋曹家。新屋曹家是横塘镇的大村,它和老屋曹家都属西平行政村,村部设新屋曹家。据二十世纪八十年代初统计,当时新屋曹家有 120 多户,近 800 人;老屋曹家有 20 多户,100 多人。另外,横塘还有几处曹姓小村也是从老屋曹家迁徙出去的。

石嘴熊家和新屋曹家都距玉泉井很近,都是大村庄,地理位置也好,新屋曹家还出了一位文化名人曹龙树。

曹龙树(1749—1814 年),字松龄,号星湖,7 岁启蒙于家塾,9 岁能诗,后在香泉寺(温泉镇归宗寺附近)受教于举人邹铨(邹后任九江府教授)。清乾隆三十六年(1771 年)中举,历任江苏沛县、桃源(今泗阳县)、如皋等知县及江南乡试同考官。嘉庆三年(1798 年),曹龙树告病回居故里,著有《星湖诗集》二十七卷。

曹龙树一生为官时间不长,前后不过十三四年,官也不大。但他为官勤勉,有政声。他从如皋知县离任返乡时,当地父老制万民伞,结彩焚香,绘送别图,赠送别诗。曹龙树不仅是一位称职的官员,还是一位诗人,一生写了 1400 多首诗。他与著名诗人袁枚结为忘年交(袁大曹 34 岁),二人曾诗词唱和。1796年,81 岁的大诗人袁枚还为曹的《星湖诗集》写序,希望他"诗愈多而名愈盛"。曹龙树也不负袁枚所望,写了不少传世的好诗。诗人回乡后,其居址处所取名"憩云楼""七松园""六柳堂"……无不充满诗意。曹龙树在匡山蠡水间的名胜古迹地处处有诗,星子亭台楼阁也多留有他撰写的楹联。诗可以证史,曹龙树的一些诗还记录了已经被岁月掩埋了的历史,尤为难得。他《宫亭湖阵渔》所描绘的捕鱼场景,今天已不复存在。今天的箬岭,也早已不是他诗中的模样:"牛羊下来初,归鸟鸣

未已。山头出锦文,散作天中绮。"(《箬岭斜照》)

曹龙树还热心于慈善事业:他捐资重修流渐桥,自制药丸、药散治病救人,以至"求药者踵门若市"。逢灾荒年岁,他还出卖己产救济乡邻,不少人因此受益。古时横塘通往县城的主要通道故里垅古道长约6里,沿途有十几个小村,但没有旅店供行人歇息,曹龙树的《故里垅茶亭二首》记录了他捐款修葺茶亭的事。诗前小序云:

(故里垅茶亭)在黄龙山之麓,西山寺前,属通衢,无旅店。同里浔州太守胡植堂先生枕山临涧,建一亭,捐田于寺,煮茶以饮行人。近年僧颇不支,余复捐田助之重葺。亭成,人得饮憩焉。

利锁名缰各兢先,此间好息片时肩。

老僧独憩林亭下,闲扫山云煮石泉。

何必庐家七碗同?坐来两腋也生风。

西山寺愧西山露,少与诸君解热中。

(自注:茶谱洪州西山露,茶之最美者)

诗写得不错,诗与序又填补了赣北乡间交通史的空白。

曹龙树幼子曹煃(kuǐ)年,号霁岑,曾任两淮盐大使(正八品),也能诗,著有《霁岑诗集》。

正悟山胡村 横塘镇东北、丫髻山与正悟山之间有一小片平缓山野,面积约0.3平方公里,其间分布着5个自然村,正悟山胡村就是其中之一。正悟山不高,胡村在山麓,清同治年间(1862—1874年),星子学者查侨元爱上了这里的山野风光,在此建正悟书院,主持书院讲学。查侨元为贡生,字爱亭,号古遗,别号梅舫。他出身于书香之家,父为嘉庆年间举人,祖父是乾隆间进士,查侨元自己也满腹诗书,著有《古遗斋诗集》。正悟书院在星子颇有影响,民国初年仍留有四间房舍,抗战爆发后,日军占领星子,书院残存的屋宇也被日寇所毁。

正悟山胡村先祖是清雍正元年(1723年)从附近的故里垅迁入。二十世纪八十年代初村共有60多户,近400人,属中小村庄。正悟山胡村虽小,但因正悟书院出名。大革命时期,村里还出过一位载入史志的人物胡明虎。

胡明虎(1903—1931年),身材高大,有胆识,是星子早期的共产党员之一。胡明虎1927年参加革命,任星子县武装工作组组长,曾率人攻打国民党装运枪支弹药的"红船"。1927年9月,他和卢英瑰等人参加了被誉为"打响赣北第一枪"的星子暴动,暴动队伍攻克星子县城,释放被关押的群众,震惊了国民党当局。1929年胡明虎任赣北红军第一大队副大队长,9月他参加了第二次攻打星子城的战斗,并取得了胜利。1930年5月,他和龚谦等率赣北红军游击大队攻打蛟塘失利。战后队伍北上湖北阳新,被编入中国工农红军红四方面军第八军第五纵队,胡明虎任五纵队支部书记。1931年秋,张国焘在河南光山县白雀园发动大肃反,胡明虎不幸也在这次"大肃反"中被错杀。

染袍畈 染袍畈在镇南3里左右的八字坳徐家岭,属红星行政村,横塘至苏家垱乡和泽泉乡的公路穿村而过。染袍畈今天人称上徐家畈和下徐家畈。两村相距很近,因一地势稍高,一稍低,故称上畈徐与下畈徐,两村徐姓为同一祖先。据记载:

明嘉靖四十年(1561年),徐少泉率家人从星子县城北门外迁居于此,后来子孙繁衍,有了两个村庄。二十世纪八十年代初统计,两村共有120多户,800多人。

染袍畈之名颇有来历。传说明成祖朱棣的仁孝皇后徐氏(中山王长女、明仁宗朱高炽之母)在世时,染袍畈徐氏先祖曾在宫中负责染袍工艺,专门为皇室及嫔妃染制各种衣袍,深受皇宫嫔妃们喜欢。后徐氏因年老归乡,仁孝皇后徐氏念其与己同宗,又在宫中为皇室服务多年,便亲赐"染袍畈"这一地名。嘉靖年间徐氏子孙从县城城郊迁至横塘,将染袍工艺和染袍畈这一地名也带到了横塘……可惜岁月流逝,世事变迁,这门珍贵的宫廷技艺竟然失传了,含有历史信息的地名"染袍畈",也渐渐少有人记起。

宫中染袍的技艺虽已失传,但近年徐氏子孙却以服装业为先人争光。他们将羽绒服制造与电商销售相结合,远销各地,做得轰轰烈烈,风生水起。他们除了制造羽绒服,也销售布匹、拉链、纽扣、印花等,还有专门的包装袋销售商,并不乏职业电商。徐村羽绒服生产与销售基本都是以家庭为单位,制造、电商销售统一。村民们都因此致富,家家有小轿车,且多奥迪、宝马名牌豪车,故人称徐村为"奥迪、宝马村"。

染袍畈的富裕也带动了红星行政村其他的自然村,附近的麻源山景家、麻源山吴家等村庄都以羽绒制造和电商销售致富,红星村的羽绒产品远销国内外。

撰稿:景玉川

苏家垱乡

　　苏家垱乡地处星子县西南部,濒临鄱阳湖,两面环水。东与蛟塘镇、蚌湖相邻,南与永修县隔水相望,西与德安、共青城相隔博阳河,西北与泽泉乡、横塘乡接壤。全乡北窄南宽,似葫芦状,多低丘和湖洲,总面积 121.11 平方公里。有耕地面积 25706 亩,其中水田 19971 亩、旱地 5735 亩,山地 13400 亩,水面 14800 亩。全乡辖桥浦、乐平、香山、开福寺、青山、土牛、水口、大桥、金龙、竹林 10 个村民委员会和乡属垦殖场,92 个村民小组,86 个自然村。2005 年全乡共有村民 5757 户,27201 人,其中男性 14884 人、女性 12317 人。

　　苏家垱地貌独特,境内多丘岭,东南部众多湖汊,湖岸线曲折绵长。湖有外湖、寺下湖、洲边湖、油榨河(湖)、牛轭湖、上湖池、下湖池、罗汉湖、叶汉湖、曲湖、石潭、殷家圩湖、禾斛潭、蒿茅潭等。一首民谣描绘道:"几十九个嘴,嘴嘴伸湖里。九十九只汊,汊汊有人家。对面相呼应,相会绕半天。"湖汊多洪涝之灾也多,在星子县苏家垱属穷乡僻壤,县志记载一首描述苏家垱的民谣:"五都好风景,出门就是岭。露水淹齐腰,巴茅割断颈。"苏家垱人种田之余,除了在田头地角种茶(此茶为有名的"六都茶"),还近水吃水,捕鱼、捞虾、摘菱、采莲、挖藕……以充实生活。

庐山山体大部分在星子县境内,近庐山的乡镇多寺院道观自不奇怪,苏家垱离庐山较远,又为穷乡僻壤,却也有不少寺观,如白马庙、开福寺、关帝庙、五帝庙、仁义庙、接山寺等。其中关帝庙和开福寺最为有名,开福寺始建于唐,据说盛时殿堂僧房近百间,晨钟暮鼓,香烟缭绕。

清代苏家垱属五都,邻近的土牛嘴为六都。民国时期撤都建乡,五、六都合并,称长乐乡仁义社。1949年以后,苏家垱地域分属一区与六区。1956年星子县6区62乡合并为3区18乡,始建苏家垱乡,范围包括原来的五都与六都,属蛟塘区管辖。1958年成立苏家垱人民公社,脱离蛟塘区,蛟塘则为蛟塘人民公社。"文化大革命"期间,苏家垱公社更名为永红公社。那年月到处兴起"更名潮",除公社外,下边的大队(行政村)也改了名:香山更名燎原大队,开福寺改为星火大队,水口改为红心大队,大桥改为攀忠大队,土牛改为铸忠大队,青山改为三忠大队。1982年,又恢复原名苏家垱公社,下边的大队也都恢复原名。1984年,撤人民公社改乡,苏家垱公社再改名苏家垱乡。2001年,将蚌湖乡和青山垦殖场并入苏家垱。蚌湖乡和青山垦殖场存在时间不很长,1969年为了管理好寺下湖,星子县从蛟塘与苏家垱划出桥浦、竹林、金垄、开福寺、乐平几个大队成立蚌湖乡;青山垦殖场则为 1993 年成立,2003 年组建由苏家垱乡政府管辖的垦殖场。

　　由于濒湖环水,湖汊众多,千百年来苏家垱乡也是血吸虫病的重灾区。星子濒湖的乡镇如蛟塘、蓼花、蓼南都属血吸虫疫区,但以苏家垱乡为最,甚至有几十个村落被血吸虫病毁灭,应了毛泽东"万户萧疏鬼唱歌"那句诗。1949 年以后,政府对血吸虫病的防治日渐取得效果,至新世纪,全乡基本上消灭了血吸虫病。除了血吸虫病外,过去的苏家垱乡水患频繁,土地贫瘠,易旱易涝,故当地谚云:"六都冇(没)禾种,不靠此营生。"意为田少又多水旱之灾,即使浸了禾种,收获稻谷产量低,生活依然贫困。

苏家垱乡政府

　　今天的苏家垱已成为农业大乡,以种植水稻、棉花为主,水产养殖业规模也较大,水稻种植和水产养殖为全乡的支柱产业。浆潭圩和浆潭联圩则是乡里主要粮产和水产基地。曾经出名的贫穷之乡,如今交通便捷,稻美鱼肥,瓜果飘香,变成了远近闻名的鱼米之乡。

集　镇

苏家垱　苏家垱是乡政府驻地,居全乡中心,于水口行政村领域内。传说明万历二年(1574年),有苏姓人由建昌(永修)率家人迁居于此建村,并在村东筑一坝垱,名曰"苏家垱",后来人们便以"苏家垱"命名此地。苏家垱一带有苏、邹、李、万四姓,地近寺下湖,水乡人多"走"水路,最初人们荡舟或步行到此以物易物进行交易。随着岁月迁延,久而久之,至清代时,这里渐渐成了集市,之后苏家垱也因这一集市成名,连乡名也因它而得名。乡政府驻此后,市镇日益繁荣,渐渐成了全乡政治、商贸与文化中心。

与星子县蛟塘、和公塘等热闹的集镇比起来,苏家垱集市肯定较小。据老辈人回忆:旧时小街不过百米长,几间小店铺,却有两家中药铺。曾任红四方面军第三十一军参谋长的龚炳章将军,少年时就在其中一家药铺当过学徒。由于苏家垱的土地土质属重壤,道路"晴天一块铜,下雨一胞脓",下雨天到苏家垱小街购物可不方便。

今天的苏家垱街比旧时小街扩大了好多倍,二十世纪七十年代乡政府离集市还有一段距离,如今街道已将乡政府大院与旧街相连,且两头延长。街面也不再是晴天扬尘,雨天泥泞难行,而是宽阔的水泥大道。街两旁昔日矮小的店铺变成了高大的楼房,店铺里商品琳琅满目。旧时小街仅有一家铁匠铺,现在苏家垱街道已有了内燃机配件厂、红星建材厂和天鹅湖优质大米加工厂等企业,其中内燃机配件厂为县里的龙头企业。

土牛嘴市 土牛嘴(也写作土牛咀)形似牛嘴,离乡政府8里左右,二十世纪曾为蚌湖乡政府所在地,现属土牛嘴行政村管辖。土牛嘴地处水边,为星子、永修、德安三县水域交界处,面积约0.7平方公里,曾经是集市,贸易兴旺。《星子县志》(同治版)云:"六都土牛嘴市,去县六十里。"而《中国古今地名大辞典》(中华人民共和国成立后编纂的第一部具权威性的古今地名工具书,全书6万余条,1000多万字,上海辞书出版社出版)则称:"黄埠湾市,在江西星子县西南七十六里,隔博阳川(河)与德安、永修二县分界,为三县衢要,一名土牛嘴。"《江西全省舆图》(同治版)卷十四在有关南康府的内容中也说:黄埠湾即今江西星子县西南土牛嘴,"星子县西南六十五里有黄埠湾"。两书所说距离虽有不同,但都证实土牛嘴曾名"黄埠湾",可惜今天的苏家垱人,没有人知道这里曾有"黄埠湾"这样有名的集镇。

杨柳津河与博阳河在此汇聚,以水运为主的古代,地处三县要冲的土牛嘴,是很好的水上码头,自然也是商家汇聚的集市,是贫穷的苏家垱经济的一处亮点。前文所引民谣还有一段唱道:"九十九个嘴,嘴嘴伸湖里。不是土牛嘴,家家去讨米。"土牛嘴由于位于三县"边境",据说渡口摆渡人只能是罗姓鳏夫担任,传统公安侦查时期,土牛嘴渡口一直被列为阵地控制要点,以查控逃犯经此销赃或逃往邻县。

随着现代陆路交通的发展,土牛嘴市也难逃冷落的命运,街市店铺都没有了,曾经的喧嚣也渐渐被世人遗忘,只留下了一座屡毁屡建的关帝庙。

古　村

青山村　青山村在乡西南,是苏家垱乡面积最大的行政村,也是最偏远的行政村,隔博阳河与永修、德安两县相望。全村有黄泥庄殷家、团塘殷家、石潭墈赵家、樟树查家、叶汊查家、老鸦翅、龚家嘴等 18 个自然村,村委会设在黄泥庄殷家。青山行政村丘陵与湖汊相间,二十世纪五十年代以前,青山村面积虽大,旱涝保收的可耕地却很少。加上多数村庄临湖,血吸虫病猖獗,人们的贫困可想而知。

青山行政村所属的黄泥庄殷家、团塘殷家、叶汊查家和老鸦翅等自然村虽然较大,但不如龚家嘴有名,它曾是一个仅十几户人家的小村,是红四方面军参谋长龚炳章将军的家。

旧时交通不便,青山村一带林莽茂密,人烟稀少,便于隐蔽,所以大革命时期成了革命者理想的栖身地,星子县早期的共产党人龚谦、刘星彩、龚炳章经常在这一带活动。龚谦、刘星彩是蛟塘乡人,比龚炳章稍年长。龚炳章家所在的龚家嘴村是他们经常聚集的落脚点,龚炳章的妹妹说:那些年龚谦他们"总是困守在我屋里"。

大革命时期,青山一带的农民组织农会,成立农民武装。龚炳章读过两年私塾,又先后在德安、苏家垱当过学徒,文化与经历使他在家乡颇有威信。1927年与1929年,龚谦、刘星彩、龚炳章率领这一带的农民,两次参加了攻打星子县城的武装行动。除了在星子活动,他们还参与邻县永修、德安的打土豪运动。1930年5月,龚炳章参加赣北红军攻打蛟塘镇的行动失败后,敌军下乡抓捕共产党人,幸亏团塘殷家农友报信,龚炳章在一个狂风暴雨之夜,带着他15岁的弟弟龚木佬冒着倾盆大雨连夜从狗脚湾渡河往永修。然后北上湖北阳新,参加鄂东南工农红军。经过数年枪林弹雨,1933年龚炳章升任红四方面军第三十一军参谋长,1934年冬牺牲于四川。而成为副营长的弟弟,则先于他半年牺牲。

1930年攻打蛟塘失败,国民党鲁涤平的十八师在青山"围剿"和搜捕共产党人,抓走了龚家嘴村好几位年轻人。经历了那次劫难,龚家嘴村开始衰败,加上血吸虫病的侵害,到二十世纪五十年代末,龚炳章之母病逝后,龚家嘴已没有人家,留下一片废墟。

出于历史的原因,龚炳章兄弟离家后一直没有消息。直到"文化大革命"结束,二十世纪八十年代中期,由于党史工作者的努力,人们才得以知晓龚炳章的事迹。龚炳章的经历见报后,引起了星子县及上级有关部门的重视,龚家嘴被立为爱国主义教育基地。中央军委领导人刘华清与洪学智将军分别为"龚炳章烈士纪念碑"和"炳章小学"题写了碑名与校名,中央文献出版社还出版了《龚炳章将军纪念集》。"炳章小学"设在龚家嘴村旧址旁,不少人为"炳章小学"捐款捐物,龚炳章将军的塑像立在小学校门口。

据说当年国民党军十八师来青山村"围剿"时，苍茫相连的湖汊和遍地荆棘，曾让白军士兵们害怕与头痛。到二十世纪八十年代，这里交通依然不便，只有一条窄小的乡间公路通到村部，四周是林莽与灌丛。进入新世纪后，尤其是近年，青山村的面貌才发生了很大的变化，水泥路通往每一个自然村，不少农家有了小汽车，"炳章小学"的校舍更是面目一新。

炳章小学的教师们（摄于 2007 年）

罗汉周家　在土牛行政村，有两座较大的村庄，两村在全乡也算是大村：一是梅坞王家，一叫罗汉周家，土牛行政村委会设在梅坞王村。据二十世纪八十年代初统计，当时梅坞王村有130 多户，近 700 人；罗汉周家则有 90 多户，近 600 人。如今，两个村人口都在千人以上，梅坞王村人口仍稍多一些。坞（wù）有几种解释：一为姓；二指小障蔽物、防卫用的小堡；三指水边所修停船或建造船只的码头；四为地势周围高中间凹的地方。梅坞王村之所以称"坞"，是因为村子临湖，传说是船坞和码头所在地,一度还有"小南京"之称。罗汉周家则因村子临湖汉而得名。

据族谱记载,两村迁入苏家垱现址都在明代,梅坞王村始于永乐四年(1406 年),罗汉周家则始于正德年间(1506—1521年)。不过,周氏迁入星子的时间则更早,周氏为原南康知军周敦颐的后裔。至南宋时,周敦颐后人中有一支家居衢东(据考证为今横塘一带)。宋末理宗年间(1225—1263 年),这支周氏子弟中有一位叫周希清的中科举后出任德安县教谕,率家前往德安一处叫南门里的地方。元初兵荒马乱,周希清之子周宗瑀率家人又从德安南门里返星子,徙居长乐乡仁义里周家洼,即今苏家垱乡青山村黄泥庄附近。明正德年间(1506—1521年),周氏子孙再迁居至今罗汉周村。

罗汉周家除了村子较大,历史上还出过不少有功名的人,他们中有兵部侍郎、教谕、拔贡、岁贡等。尤为值得一提的是:这个村是星子"西河戏"的诞生地,也是戏剧艺人荟萃之地。"西河戏"又名星子戏,属弹腔,为江西省"六大古老剧种"(即省赣剧、修水"宁河戏"、宜黄"宜黄戏"、瑞金"东河戏"、湖口"青阳腔"和星子"星子戏")之一。该剧流行区域以星子为中心,包括周边德安、永修、九江、都昌等县。由于赣江入鄱阳湖后分成东、西两支,"星子戏"流行区域在西侧支流,故名"西河戏"。二十世纪末,"西河戏"被列入"江西省非物质文化遗产"传统戏曲类名录;2011 年 5 月,"西河戏"又被列入第三批"国家级非物质文化遗产代表名目"。

清道光末年(约 1850 年),德安艺人汤大乐来星子招徒授艺,组建了第一个弹腔戏班。咸丰年间(1851—1861年),罗汉周村周自秀(1844—1898年)拜汤大乐为师,学弹腔戏。出师后周自秀不断摸索,在弹腔基础上吸收青阳腔、皮黄腔等戏剧的长处,创新了新剧种——星子戏,俗称"星子大戏"。1874年,周自秀成为戏班班主,并将戏班定名为"星邑义和班",传授"星子戏",其子周昭生和刘忠化、万仕林、郭德英等均戏班成员。"星子戏"在附近村、乡迅速传播,观众越来越多。"义和班"还巡演于星子、德安、德化(九江县)等地,深受民众欢迎。随着"义和班"不断壮大,1910年"义和班"成员分成南、北两班,南班基地仍在罗汉周村;北班基地则在温泉,班头为周自秀之徒汤在树。

周自秀、周昭生(1872—1932年)父子为"星子戏"("西河戏")的开山大师,创新了这一新的戏剧艺术形式,并带出了不少高徒。"西河戏"后来一直风靡星子城乡,久演不衰。到了二十世纪八十年代,尽管电影、电视等新的娱乐传播方式普及天下,但"西河戏"在星子仍有一席之地,依然活跃在家乡舞台上。罗汉周村"星子戏"第六代传人周崇箱,第八代传人周尊颐(爱龙)都还在教授"星子戏"。

浆潭圩与浆潭联圩　浆潭圩在苏家垱乡西南,呈"匚"形,1968年以修"忠"字圩为号召,动员全县劳力修筑完成。圩全长8000米,保护面积1.3万亩,内有耕地6800亩,还有1982年由联合国投资的"2799"——精养鱼池1450亩。

后修的浆潭联圩则与浆潭圩相连,是星子县最大的圩堤,联圩围垦面积达1.68万亩。

浆潭圩内(陈家国速写,1990年)

浆潭圩精养鱼池(陈家国速写,1988年)

浆潭联圩1991年5月经江西省政府批准,被称为"浆潭联圩血防灭螺治理工程",列为全省"八五"规划。1991年11月动工,次年春竣工。工程举全县之力,动用民工数万,除上级拨款和县财政投入外,凡工薪人员也都捐款(实际上是从工资中扣除),耗资远超统计所公布的1200多万元。

浆潭联圩东起土牛嘴,西至青山嘴,与浆潭圩连接。圩东为杨柳津河,圩南为改道新开的博阳河(原博阳河有一段流经圩内)。整座圩堤如弓形,长11公里,高22.5～23米,堤内有水田13540亩,还有鱼池千余亩。每年除了收获优质稻谷外,还出产大量鱼虾、毛蟹和珍珠。

圩堤竣工后,1992年9月星子县决定成立青山垦殖场(正科级),场部设青山老鸦翅村。2001年"撤乡建镇"后,垦殖场直接归苏家垱乡管辖。浆潭联圩除囊括了部分湖汊外,还包括沿圩土牛嘴、郑家嘴、周南嘴、陈家垄、梅坞王、梅坞蔡、罗汉周、徐家嘴、吴家嘴、樟树查、叶汊查、老鸦翅、青山嘴等村庄,使其再也不受洪涝之灾,围垦后新增的万亩土地则采取招标承包的方式耕种。

万人筑浆潭联圩(摄于1991年)

苏家垱乡是全县血吸虫病最猖獗的地区,也是最贫穷的乡。浆潭联圩修筑之前,被围垦的湿地洪荒千古,湖州寂寥。联圩修成后,不但血防灭螺工程取得了巨大的成效,昔日荒芜的湖洲滩涂也变成了全县的粮仓,年产稻谷 1300 多万斤。加上千亩鱼池,苏家垱稻香鱼肥,由著名的穷乡变成了令人羡慕的富裕之乡。

尽管 1998 年遭遇了百年未遇的洪灾,浆潭圩漫顶,浆潭联圩决口,但灾难过后,在政府的支持和帮助下苏家垱人迅速修复了圩堤,国家组织濒水村庄的村民移民搬迁,一些自然村整体迁建,于联圩外建起了大桥中心村和青山中心村等中心村。

如今的浆潭联圩,成了真正的鱼米之乡,圩堤内外,一派如画的水乡风光。有人写诗道:

> 背倚庐山苏家垱,
> 门对鄱湖映朝阳。
> 千担鱼蟹满船仓,
> 万倾良田翻金浪。

撰稿:殷敬清、殷宗怀、殷水山、周艳滚等

作者简介:殷敬清、殷宗怀、殷水山、周艳滚均为文史爱好者,殷宗怀现为炳章小学校长。

泽泉乡

　　泽泉乡,旧称七都,位于星子、九江、德安三县交界处,东邻星子县横塘镇,南接苏家垱乡,西连德安县河东乡,九江县马回岭镇蛟田村(行政村)如半岛伸入该乡北部。泽泉乡垄畈交错,交通便捷,旧时有通往德安的古驿道由此经过,1934年通车的星(子)德(安)公路穿境而过。如今105国道、昌九发展大道贯穿乡西北部。泽泉距南昌100公里,九江市50公里,星子城30公里,共青城15公里。全乡面积43.7平方公里,3902户,近16000人。辖关帝庙、花园、观音桥、泽泉、长塘、涂山6个行政村,103个自然村。

　　泽泉历史悠久,据地方史志记载,境内板塘徐村后查家山有商代村落遗址,曾出土石镞、穿孔石、砺石、陶片等。证明在3000多年以前,就有先民在这块土地上耕作与繁衍生息。清代中叶,此地归属七都。民国二十一年(1932年)归属二区起蛟塘(即今蛟塘),民国三十年(1941年)撤区建乡,改称泽泉乡。民国三十四年(1945年),泽泉与西平、同仁两乡合并为修德乡。1949年后,与横塘、苏家垱同属第六区。1956年撤区并乡,泽泉归属蛟塘区观音桥乡。1958年撤乡设人民公社,观音桥乡与觉悟乡合并,命名为观音桥人民公社。1960年,观音桥公社并入横塘公社,翌年又恢复观音桥公社。1969年更名朝阳公社,1982年再更名为泽泉公社,1984年取消公社,改为泽泉乡。

乡政府驻地在大屋杨村。杨村原为一偏僻小村,据族谱记载:明初杨景允率家人从蓼南山口杨村迁居于此,至1949年有10多户人家。1958年杨村成为公社(乡)驻地,小村便迅速发展起来,渐渐成为一乡之政治、经济、文化活动中心。二十世纪八十年代初,乡政府驻地有非农业人口近300人。

1969年朝阳(泽泉)公社普通工作人员
在公社办公楼前合影

泽泉乡境内山岭起伏,溪涧交错,地势西北高东南低,南北较狭,中部宽阔,东西最宽 6 公里,南北长 12 公里。最高点为北部狮子脑,海拔 223 米;最低点为涂山汪家洼,海拔 19 米。乡内主要河道长垄港发源于庐山康王谷,溪水蜿蜒,纵贯全境,流入与德安交界的博阳河后,再汇入鄱阳湖。泽泉乡以山地丘陵为主,多红壤。耕地面积 15300 多亩,山林面积 2.8 万亩,森林植被良好,林木蓄积量 12 万立方米,乡"三八林场"森林覆盖率达 100%。与全县各乡镇比,泽泉人均耕地较多,耕地主要在"三垄一畈"(中垄、牛田垄、茅桥垄、草皮畈),水资源丰富,所以一直是全县主要的产粮地区,是星子的"粮仓"之一。

水稻、油菜、枇杷、杨梅、有机茶种植和黑猪、水产养殖等,一直是泽泉乡的强项。进入新时期后,泽泉一边向特色高效农业发展,一边发展自己独特的山水优势,努力开展乡村旅游。

集　镇

泽泉街　泽泉街已不存在,它却曾是有名的集市,史志又称其为龙安市或斜林街。

《星子县志》(1990 年版)载:古时"县西有个斜林街,又名泽泉街,绵亘十余里,街上有碑。旧县志载:'历代世系纪年图碑,在泽泉街,元延祐间(1314—1320 年)查必传刻。'据说街被大火烧掉,于是人们传云:火烧斜林街,血洗夫子庙,沉去渔门县,浮起吴城来"。

《星子县志》(同治版)云:"查家市在县治西南四十里,龙安市即泽泉街,二市俱废为村落。"查家市不知何处,龙安市遗址则在今阳家坳。

传说"火烧斜林街"于明朝初年,但永修吴城的崛起则是南北朝期间发生的事。"沉海昏,起吴城"歌谣中只有海昏,没有渔门,吴城附近被扩张的鄱阳湖淹没的是海昏县,而不是渔门县,正史上也没有渔门县这一地名……不管这则传唱的民谣有几分真几分假,但泽泉街却是存在,并一度繁华昌盛。

据考证,古泽泉街号称十里长街,东起湾里查村港,西至今阳家坳。传说虽然有些夸张,但此当名重一时。泽泉街本名龙安市,是当时最为繁华的集市区,店铺林立,商贾云集,星子、德安、九江三地民众来此赶集交易。市街间有一眼古井,名叫泽泉井,井里泉水清澈甘甜,冬暖夏凉,终年不枯。附近村民冬天取水洗浴,夏天汲水当茶解渴。为使此井终年清澈,每年人们都要清洗这口井。据说每逢洗井之日,市上要请道士设醮朝拜,家家户户都会买香纸、爆竹,表达对天赐"圣水"的感恩。谁家有人头疼脑热,喝上两碗泽泉水泡的茶就没事;谁得了皮肤病,洗上个泉水澡就好了;哪个女人不孕,坚持饮用此泉水一月,便会怀胎……

泽泉街于明初一场大火中灰飞烟灭,但遗址附近留下了斜林李家、泽泉于家、赵子亦洼几个村庄。中华人民共和国成立后的农田水利建设中,人们发现了古街遗址。1988年,斜林李村村民在村后建窑烧砖,取土时挖出了古陶瓷和金银器皿,还有一个镶金银的头饰。此后人们又在附近挖掘出了古仓库和古花园遗址,这些,都是古泽泉人留给后人的历史记忆。

观音桥街 观音桥街,也叫观音桥码头,位于泽泉乡中南部偏西,距乡政府所在地约2公里。长垄港自上游花园水库而下,经过观音桥流入博阳河,再入鄱阳湖。

《星子县志》(同治版)载:北宋元祐年间(1086—1093年),此地建有观音庙。明嘉靖二十年(1541年)乡民集资建桥,此桥便名观音桥,桥因庙而得名。桥为三墩四孔花岗石结构平桥,系四、五、六都(今蛟塘、苏家塅、土牛嘴)通往德安的要道。后桥塌,清嘉庆二十一年(1816年)乡人又集资重修。1958年因炸鱼毁一墩一孔,1964年县政府拨3000元修复。

观音桥原有小街,明初泽泉街毁于火后,观音桥和附近的张家湾便成为七都的主要集市和季节性码头。它们是星子西南边隅的集镇,也是古代星子通往德安、永修两县的集贸小市场,颇有名气。鉴于此,观音桥一度成为这个乡与公社的名称。张家湾本是有名的集市,《星子县志》(同治版)载:"七都张家湾市,去县六十里。"张家湾已划出,虽时间不会很远,但至今不知其在何处。

抗战前观音桥颇热闹,日军入侵,经历日军的炮火,集镇店铺所剩无几。《星子县志》(1990年版)载:抗战胜利后观音桥集市虽有所恢复,但由于二十世纪五十年代,原属泽泉的大湖乡(与观音桥紧邻)和张家湾划归德安县,来此地的客商渐少,集市亦趋冷落。1957年涂山圩建成后,观音桥作为季节性码头的功能也不复存在。这个曾繁华多年的旧市,只留下经营糕点的林姓和经营油面的左姓两家作坊,还有一家卖油盐酱醋的杂货小店。

观音桥集市成了观音桥村,石桥在村西南。村里多林姓,据传其先祖林正佳于清咸丰年间(1851—1861年)率家人从福建迁入。二十世纪八十年代初,村里有村民20户,130多人。

集市虽已萧条,但观音桥周边的水乡风光,还是令人心旷神怡:村落星罗棋布,田畈广阔肥沃,河、港、塘、汊镶嵌其间,水波倒映着蓝天白云。1954年的洪水曾给这里带来灾难,灾后人们在长垄港两岸筑起了杭州圩、杨家圩、肖家圩,观音桥圩,基本解决了观音桥一带长年的水患。1998年又一次大水灾后,在政府的资助下,800多户村民整体搬迁至岸边高处,建起了一排排新式楼房,原先村舍简陋、低矮的旧农村变得面目一新。

观音桥一带还有丰富多彩的民俗文化。逢年过节或有喜庆之事,村民们都会连唱几台西河戏来庆祝。每年农历四月二十八日,十几条龙船下水,集中在观音桥街西的长垄港水上操演,为端午龙舟竞渡热身。端午节那天,龙舟竞赛正式开始,河港两岸挤满了四乡八社前来观赛的男男女女,热闹非凡。春节期间,过了"上七"(正月初七),村民们就开始耍麒麟,推戏车,骑竹马,还有舞刀、棍、铜、流星等武术活动。其中五房袁村的麒麟、观音桥街的推车、元宵之夜的草龙灯……都是观音桥最普及的传统民俗,一直流传至今。

关帝庙 关帝庙坐落在星子县、九江县、德安县、共青城四县市交界之处,东北与九江县马回岭蛟田村为邻,西南与德安县河东乡后田村接壤。交通便捷,105国道横贯东西,关(帝庙)泽(泉)公路纵穿南北,昌九发展大道在此与105国道相接。

关帝庙一带旧时称茅桥垄,古代星子通往德安的驿道从此通过,设有茅桥驿。星子至德安驿道有五座驿站:锦屏(今钱家湖附近)、清风(今温泉)、龙山(隘口镇附近)、黄花(今横塘)、茅桥。茅桥驿是最后一座驿站,史书又称茅桥铺,离县城50里。据《星子县志》(同治版)记载:清代时每座驿站"各为屋三楹,旁列两厢,缭以周垣。外门榜曰某铺,各设司兵以迅递焉"。

关帝庙在茅桥铺驿站附近,传说建于明永乐元年(1403年)。第二年,一叫黄元纪的农民率家人从都昌迁居于此,后来子孙繁衍,有了村落。至二十世纪八十年代初,有24户,100多人。古驿站消失后,关帝庙成了村名。

关帝庙村紧邻星德公路,又是古茅桥驿所在地,星子、德安交通孔道,所以一度成为集市,抗战前有好几家店铺。日寇侵华,在武汉战役外围战中,日军为打通星德公路,炮火尽毁关帝庙附近的店铺。关帝庙所在地本来偏远,东西长十多里的地段少有村落,关帝庙集市被毁后,这一带更显阴森。公路两旁丛林茂密,茅草蔽天,人称茅桥垄。抗战时期,李军赤、黄益钦等有志之士,就利用这一带的有利地形,组织游击队抗击日寇,先后英勇牺牲。

1949年以后,昔日"芭茅割颈,露水淹腰"的茅桥垄,发生了很大的变化。公路沿线已有20多个自然村,曾经冷僻的关帝庙又有了小集市,小街上有超市、酒店,还有一座稻米加工厂,年加工大米500多万斤。更令人欣喜的是,这里森林葱郁,流水潺潺,风景优美,加上交通便捷,是开展乡间旅游的理想之地。

古　村

大屋潘家　大屋潘家在乡政府西北约 3 公里处，是泽泉乡较大的村落，也曾是花园行政村所在地。大屋潘家附近田野平旷，远处山影绰约，源自庐山的长垄港从村东流过，溪（港）水潺湲，清澈见底，两畔绿树成荫，优美的田园风光令人陶醉。二十世纪八十年代初，大屋潘家有村民近 80 户，400 多人。

大屋潘家在泽泉与邻近颇有名气，一是屋场大，村旁还有一座明代古桥；二是出过一位名人潘先珍；三是抗战时乡间游击战在这里歼灭了好几个日本兵。

古桥在村东北 50 米处的清溪上，名华盖桥，为三墩四孔的青石平桥。此桥为明嘉靖年间（1522—1566 年）邑庠生（秀才、南康府学生员的别称）潘校宽主持修建，经历了数百年的风雨，石桥依然基本完好，1978 年县文物部门曾拨款维修。

据说大屋潘家先祖潘淑宽于明嘉靖七年（1528 年）率家人迁居于此，原名城墩村。清咸丰年间（1851—1861 年），村里潘先珍中举，在家乡建了一幢青砖风火墙大屋，此后人们便称村子为大屋潘家。

潘先珍即潘解元，生卒年月不详，号席卿，咸丰二年（1852年）举优贡（优贡是清代由地方贡入国子监的生员之一种。每三年由各省学政从儒学生员中考选一次，每省不过数名，亦无录用条例。同治时规定，优贡经廷试后可按知县、教职分别任用），"即领乡解"，故人称潘解元。潘先珍举优贡后，曾主讲白鹿书院,还组织团练以对抗太平军,并从星子县团练经费中拨款修葺白鹿洞书院。太平军占领湖口,潘加入清彭玉麟水军,咸丰七年(1857年),清军攻克太平军占领的石钟山,潘先珍也因战功,被保举任四川蓬溪知县。

潘先珍在蓬溪任知县期间,操办团练,设寨护城,建蓬莱书院,自己也捐资助力,为蓬溪人称道。据载:在蓬溪时潘先珍"训民育蚕,刊《蚕桑宝要》书行世,人多赖之"。后调宜宾,不久又升任马鞭厅同知。卸任时,他写了4首七律《留别蜀中》,以表他的临别之情。回乡后,潘先珍创办了庐秀书院。1871年,星子知县蓝煦主编《星子县志》,邀请远在四川任上的他为志作序,潘先珍慨然应允。

抗日战争期间,大屋潘家一带也是地方抗日游击队员活跃的地区。1943年8月,一小股日军窜至大屋潘村,一

大屋潘家青石古桥
(摄于1969年)

支游击队闻讯赶来,交火后鬼子兵慌不择路,纷纷跳进村旁溪涧,潜藏在水草中。我一名游击队员以荞麦田为掩护,悄悄匍匐靠近溪边,一连几颗手榴弹扔过去,炸得日本兵鬼哭狼嚎。这一仗,炸死好几名鬼子,缴获一挺机枪和多支步枪,大屋潘家也因这一次漂亮的歼灭战闻名。

涂山村 涂山村原为国营涂山垦殖场,位于泽泉乡西南、博阳河下游滨湖地带,与共青城的金湖(金湖原属星子)隔水相望。

涂山原名龙山嘴,后改为涂山嘴。1957年,在"以粮为纲"的口号下,到处大搞围湖造田工程。星子县也响应号召,调集各乡劳动力,在涂山嘴附近博阳河下游围湖造田,兴建圩堤。当年秋天动工,年底基本建成。圩堤全长5.9公里,顶高23.5米,宽3.5米,内坡为1:2,外坡为1:2.5。圩内集雨面积2.2平方公里,保护面积3300余亩,耕地面积2800亩。圩成后名之为涂山圩。

涂山圩成之初,为国营涂山垦殖场,隶属九江专署农垦局。1961年垦殖场改属星子县农垦局管辖,最初只有24位来自归宗林场的职工,后来增加到400余人。1962年因大水溃堤,下放了部分职工,当年冬天修复溃堤,1968年上级又拨款增建了2座电力排涝站和2座钢筋混凝土涵闸。1971年国营涂山垦殖场撤销,划归朝阳公社(今泽泉乡),改称涂山大队,后称涂山行政村。

在"以粮为纲"的年代,二十世纪六十年代末与七十年代初的涂山垦殖场(或涂山村),由于人口较少,土地多且肥沃,经济较其他地区富裕,是星子地肥水美的鱼米之乡。"文化大革命"时期县城大量干部、教师下放泽泉,称之为"五七大军"。原本简陋、师资不足的涂山中学从下放干部教师中择人充实中学教职工队伍,使偏远的涂山中学曾一度远近闻名。

二十世纪八十年代,涂山行政村有涂山、虎山、殷家湾、殷家畈、汪家洼、艾家嘴等自然村。1998年特大洪灾时,涂山圩再次决口,圩里民房淹没垮塌。灾后,政府安排资金复圩堵口,对圩堤进行了加高加固。政府还支持和补助圩里第十、第十三村民小组整体搬迁至高处,建立了茅家洼涂山中心村、汪家洼中心村。中心村有老年活动中心与体育活动场所,内有棋牌室、图书室等。香港爱国企业家黄佩球先生还慷慨捐资45万元,新建了一座"黄佩球涂山希望小学"。

2015年涂山圩又进行了加宽加固,增加了防浪设备,并在堤圩里进行田园化改造。圩内田地一般每丘三亩或四亩,中间为机耕大道,丘亩之间有用于灌溉排涝的沟渠。6座180千瓦的排灌站,可以保障堤内旱涝保收。

花园村 花园村是行政村,地处泽泉乡西北部,北邻九江县马回岭镇蛟田村。原称朝阳大队,二十世纪五十年代初期属觉悟乡。1968年扩社并队时,由花园大队、大桥大队、蛟田大队和象狮大队合并而成。1984年撤社建乡,改称花园村。下辖18个村民小组、24个自然村。全村总面积8.1平方公里,其中耕地面积3000亩,山林面积8800亩。

花园行政村东西两侧为低矮山丘,东有观阳山,也叫观音尖,海拔156米,西北有青龙山,海拔170米,三八林场就在其境内。泽泉和苏家垱两乡属全县人均面积最大的乡,"地广人稀",所以植被良好,森林覆盖率高。

花园村山地整个地势北高南低,丰富的水资源得天独厚,一个行政村有4座水库。一是长垄港(又称玉带港)下游的花园水库,是全乡唯一的小一型水库。另外有石塘水库、西塘水库和福山垄3个小(2)型水库,加上星罗棋布的小塘堰,花园村没有洪涝与干旱的威胁。这里农作物稳产高产,成为泽泉乡这个全县大"粮仓"的一部分。难怪其境内有大屋潘家与大屋赵家这样的大村庄,每村都有近千人。

花园村不仅山清水秀,风景优美,还不乏人文胜迹。村西北青龙山有一座古庙叫仙姑殿,《星子县志》(同治版)称其始于晋代。一千多年来,仙姑殿屡毁屡修,2012年重建时,在废墟中挖掘出了清咸丰八年(1858年)潘先珍等第十次重修时所撰的碑刻《重建中兴仙姑殿记》和《仙姑自序》,可见仙姑殿在当地百姓中的影响。为了利用这些资源发展旅游业,花园人潘雪林夫妇在仙姑殿前建成中堂山庄,李茂林在三八林场建成御景山庄,潘盛华办三米田油茶基地……

花园村驻地原坐落在大屋潘村,现南迁至通往泽泉乡政府的公路边。公路串联起花园多个自然村,然后北连星德公路,南接泽泉通德安的另一条公路。随着改革开放和经济的发展,花园人在建设好自己家园的同时,还积极投身商海。如今,北京、广州、杭州、厦门等大中城市,都活跃着泽泉乡花园村人创业的身影。

撰稿:查勇云

作者简介:查勇云,江西星子人。曾任庐山市政协文史委主任,现为山南历史文化研究会副会长兼秘书长、诗词学会副会长兼秘书长。

东牯山林场

　　东牯山林场在庐山南麓,所辖区域以西南—东北向的庐山山脊线为界,西起庐山垅(康王谷),东至海会寺,总面积44.5平方公里,森林覆盖率95%。星(子)德(安)公路沿林场边缘通过,林场山峰海拔多为300~1000米,庐山十几座千米以上的高峰,如五老峰、太乙峰、双剑峰、主峰汉阳峰等,大多在其境内。

　　与星子一般的乡、镇比,东牯山林场的历史虽仅比沙湖山乡稍长,但作为林场,它的历史也算"久远",可以追溯到清末民初。清光绪末年,行将就木的清廷为了自救,向欧美和日本派出了第一批留学生学习自然科学。几年后这批留学生回国,其中留学日本的钟毅来到庐山,于宣统三年(1911年)创办了江西省第一个国有林场——庐山林场,后来又改称庐山森林局。前一年,在"废书院,建学堂"的风气中,当局在白鹿洞书院建"江西省高等林业学堂"。很长一段时间内,庐山林场(或森林局)管理着全省的森林事务。随着清朝灭亡,政局不断变化,庐山林场的管理体制及管辖区域也几经变动。中华人民共和国成立后,庐山林场于 1955 年在山南下设"国营秀峰林业分场";1956 年,秀峰分场与庐山林场分家,独立经营,更名为"秀峰野生植物保护场"。1958 年场部迁往归宗,与归宗农场合并,改名为"东牯山综合垦殖场"。1968 年,又改称为"东牯山林场"。东牯山(史志称东古山或东孤山)是庐山南麓秀峰对面的一座小山,童山濯濯,多灌丛,并不在林场区域内,后又成为采石场。以"东牯山"作山南国有林场之名,大概是为了与原"庐山林场"相区别。

"东牯山综合垦殖场"所辖范围一度很大。1959 年 7 月,在全国大办垦殖场高潮推动下,星子县将温泉、花桥两个公社(乡)和蓼花池,还有沿山南公路一线,北起含鄱口,南至康王谷,沿途国有山林、土地、寺院、书院和无主荒山,全部划归东牯山垦殖场。垦殖场管辖了全县三分之一的面积、人口和山林。这种格局一直延续到 1961 年才复归至 1959 年以前范围。

东牯山林场拥有丰富的林业资源,现有林地 45000 亩(其中毛竹 4100 亩),茶园 1000 多亩,还有大片薪炭林、灌木、苗圃及多种中草药等植物。林场下辖 4 个分场:栖贤分场、七贤分场、茶园分场、唐家岭分场,每个分场又辖若干个林业点,从事护林、造林、育林工作。二十世纪五六十年代及七十年代,林场还有少量采伐任务,如今则全力以生态建设为主,护林、育林,并开展多种经营。为加强生态保护,1982 年庐山自然保护区管理处在此设立归宗保护站,1990 年县公安局在此设立林业公安分局。

二十世纪八十年代,东牯山林场有农垦职工300多人,252户,近千居民,多为非农业人口。林场职工有星期天,也拿工资,尽管工资不高,每月不过二三十元,但在那个年代,还是令附近乡镇的村民心存羡慕。

场　部

东牯山林场场部(总场)1958年设在归宗,名"东牯山综合垦殖场",1968年改为"东牯山林场"。

归宗之名来源于归宗寺,归宗寺为庐山名刹,历史悠久,居庐山"五大丛林"之首。后来尽管寺院没有了,但留下了"归宗"之名。东牯山林场场部在归宗寺原址附近建有一座二层办公楼,场机关人员和家属则大都住在原来由寺院僧舍改建的房屋中。

二十世纪初的归宗寺

场部在星德公路以北，处星德公路与县城至蛟塘公路相交的三岔路口，办公楼邻近公路，背倚庐山金轮峰和汉阳峰。公路以南是一片开阔的田野，属温泉乡，温泉乡政府驻地沙洲吕家距林场场部不过 2 里。沿公路西行不数里是有名的温泉疗养院，再西行 2 里是隘口街（隘口乡驻地，后与温泉乡合并）。总场场部环境优美，风景秀丽，到处苍松翠竹，尤多合抱古樟，境内溪声绕宅，浓荫匝地，还有少许田地。与同级的乡镇比起来，归宗东牯山林场场部交通便捷，四周多人文胜迹。场部设有学校、医院、招待所与药厂等场办企业，后来还建了鹅池宾馆。作为国有林场，林业部门每年对林场都有一定补贴，故在很长一段时间内，东牯山林场经济条件较好，归宗一度成为这一带的经济、文化与政治中心，人气兴旺，访客纷纭。改革开放后，由于此地风景好，市、县不少中小规模会议常在这里召开。

近些年，在"招商引资"的热潮中，归宗这块灵秀之地被用来招商，吸引房地产开发商来此搞房地产开发。东牯山林场被拆迁，居住于此的职工家属也被遣散他处，办公楼、僧房及改建成的职工宿舍全部被推土机推平，场部于 2002 年搬迁至县城。拆迁后的归宗，名胜古迹不再，昔日情韵风采灰飞烟灭，林场场部也不再有"林"的特色。

分场与林业点

庐山之美在山南，山南的林泉丘壑均在东牯山林场管辖之内，林场的 4 个分场和下面多个林业点，也都为风景名胜之地，占尽风流。栖贤、七贤、茶园、唐家岭 4 个分场中,栖贤和七贤分场场部设在原著名古刹栖贤寺旁观音寺和五乳寺故址。栖贤寺始建于南北朝南齐永明七年(489 年),是庐山"五大丛林"之一,唐李渤、李涉兄弟曾在此读书,后入白鹿洞;五乳寺始建设于宋代,明末"四大名僧"之一的憨山大师曾驻锡于此。

天下名山僧占多。风光秀美的山南历来是佛、道争雄之地,所以这里三里一寺,五里一观,晨钟暮鼓相闻。到了近代,由于佛、道式微,给东牯山林场留下了许多空寂的僧房与道院。这些僧房道院后来都成了林场的分场场部或下面的作业点的驻地与职工家属的住房。不少分场和作业点还以这些寺院道观的名称命名,如栖贤、心庵、三祖庵、凌霄(院)、万寿(寺)、石佛寺、黄岩寺、卧龙岗、水西庵等。1938 年武汉保卫战外围战和后来的抗日游击战中,东牯山林场的峰峦溪谷成为中国军民抗击日本侵略者的天然掩体或屏障……这些地方都成为厚重历史文化的沉淀之地。

东牯山林场七贤分场场部

庐山给了星子人青山秀水,也是历代星子人伐薪烧炭的

"柴山"。长期的农耕时代，人们生存所需的"柴米油盐酱醋茶"中，柴与米的需求量最大，柴更是排在首位。二十世纪九十年代之前，星子人的柴除了来自庐山，还有鄱阳湖上的洲柴，五十年代全县人口少，烧柴问题并不突出。随着人口繁衍，特别是 1958 年"大炼钢铁"，不少山林被毁，烧柴问题变得日益严重。蓼南、蛟塘一带尚有洲柴；五里、隘口近庐山，砍柴也不太难；唯有蓼花、花桥等乡的农民，既缺柴，离庐山又远。因而每年秋冬，在通往归宗的沙石公路上，都绵延着一支去东牯山林场砍柴的队伍，成员大多是蓼花、花桥一带的农民。砍柴人用竹筒装着干粮，推着独轮车，向东牯山林场所属的山岭进发。他们将小车停放在山麓，然后上山砍柴。下午他们将砍下的薪柴挑下山，再装上独轮车，又沿着公路返回，砍柴人往往半夜出门，天漆黑才能返家。为了一家人的烧柴，人们每天披星戴月，两头摸黑，往返奔波数十里，仅收获一二百斤薪柴……年复一年，日又一日，通往归宗东牯山林场的砂石公路上，沉重的独轮车队绵延不断，吱吱呀呀的车声不绝于耳，在秋冬寂寥的田野上回响。

与同级乡镇比起来，东牯山林场的特点是面积大，人口少，作业点分散。一般乡镇，人口动辄逾万，东牯山林场总面积44.5 平方公里，而人口却不过一千，平均每平方公里不到 20人。林场下属分场相当于乡镇的行政村，作业点则相当于自然村，这些分散的作业点，有的往往只有一户人家。生活与劳动环境虽不错，但却免不了孤寂，只是在育林季节，作业点才可以请附近乡村的村民来帮助工作。帮工的少量佣金归集体（大队,即行政村)所有,参加劳动的村民则可以带回一担农家宝贵的烧柴。

随着改革开放,东牯山林场的管理与分配方式也有所改变。林场在继续维护好生态、护林育林的基础上,调整产业结构,开展多种经营。东牯山以得天独厚的地理与气候优势,盛产远近闻名的庐山云雾茶。为发扬这一优势,林场扩大茶叶种植面积,增加产量,提升质量,近年所产的"雪松茶"尤为出色。另外,林场森林茂密,山峰秀丽,到处悬泉瀑布,流水淙淙,有丰富的自然景观和人文胜迹,是发展旅游业的宝贵资源。1993年林业部发文批准东牯山林场组建庐山山南国家森林公园,总体规划为八大景区:灵霄景区、天合谷景区(原寨口景区)、庐山太乙度假村景区、卧龙岗景区、汉阳峰景区、黄岩景区、归宗景区、唐家岭景区。森林公园与东牯山林场实行"两块牌子、一套班子"的管理体制,原隶属关系、山林权属和经营范围不变。

今天,东牯山林场管辖的庐山依然山清水秀,风景如画,只是在归宗通往蓼花的公路上,砍柴的独轮车队已经绝迹,连农家常用的独轮车如今也难以寻觅。消失了的砍柴独轮车队,记录了那个时代农民艰辛的生存状态,也昭示了时代的进步。

撰稿:景玉川

沙湖山乡

　　沙湖山乡是星子最年轻的乡镇,诞生于 1963 年,而星子建县是在 978 年,相差近千年。

　　沙湖山乡位于星子县西南端,坐落在鄱阳湖的沙湖、长湖和扒湖之间。东与永修吴城镇相邻,南与恒丰企业集团(原恒丰农场)接壤,西与共青城江益交界,北与苏家垱乡、蛟塘镇相连。沙湖山乡土地总面积为 28.8 平方公里,湿地保护面积 21.8 平方公里,全乡耕作区在周长 12 公里的圩堤之内。1998 年特大洪灾后,沙湖山乡对圩堤进行了加固,现在可以抗御海拔 22 米高程的洪水。2002 年又建成了一座平垸行洪水闸,受保护面积达 9600 亩,其中耕地面积 5289 亩(水田 2513 亩、旱地 2776 亩),可养殖水面 580 亩。全乡粮食作物以水稻为主。

　　沙湖山乡下辖中心村、马颈村、长湖村 3 个村委会,有 15 个村民小组,总户数 835 户,人口 4700 人。马颈村委会在圩内最南端,下辖柳树潭、龙潭湖、八里垱、上八里垱、下高头、上高头、马颈7个村庄;长湖村委会在西北角,下辖下西湖、阁老、荷叶圩、上西湖、莲花塘墩、夜聒墩、黄土港7个村庄。另有兴建于1998年、位于乡政府驻地的移民中心村,有居民近300户。2001年11月全县实行撤乡并镇,沙湖山乡改为"星子县沙湖山鄱阳湖湿地保护区管理处",马颈、长湖两个村委会则改称马颈、长湖湿地保护站。沙湖山乡原交通较为不便,现已改变,从乡政府所在地至昌九高速公路入口处仅18公里,距杨家岭火车站也只有15公里。1987年10月杨柳津桥通车后,沙湖山乡交通更为便利。

乡政府所在地在杨柳津河东,与圩堤隔河相望。鄱阳湖丰水期乡政府所在地四面环水,犹如一座岛屿,杨柳津河与湖水一体。秋冬枯水期,杨柳津河又在圩堤与乡政府所在地之间蜿蜒流淌。

乡政府所在地原为修河北岸、杨柳津河东湖洲上一小荒丘,涨水期为岛,秋冬水退与湖洲相连,面积约0.5平方公里,最高海拔31米左右。岛上原只有一户人家,四周荒草漫漫,或被流沙覆盖,所以人称此丘为沙湖山。围垦之前,这里是星子人捕鱼、猎禽、打柴草临时休憩的地方。1963年围垦成功,此地成立垦殖场,沙湖山为垦殖场场部,1970年垦殖场改为沙湖山公社,后又改为乡,直至2001年改为湿地保护区管理处,沙湖山这处小沙丘都是行政机构驻地,除了湿地保护区管理处外,沙湖山还有中小学、医院、供电所、省野保局沙湖山保护站、农机排灌管理站、水产场、敬老院等单位。

圩　堤

　　星子县最早、最大的圩堤兴修于清代,主要有四合圩、五合圩和大塘圩。二十世纪五十年代这些圩堤属星子县第六区(包括今苏家垱、泽泉两乡)的大湖乡。1949 年后,星子县曾投入大量人力物力,修复加固这三座毁损严重的圩堤;但 1956 年,这三座圩堤随大湖乡一起划归德安县管辖,今则尽入共青城版图。

　　二十世纪五六十年代,强调"以粮为纲"。为了扩大粮食产量,星子县提出了向鄱阳湖进军的口号,大搞围湖造田,决定开发沙湖山附近的湖洲湖汊。1961 年开始派队伍测量、规划,并初步施工,第二年(1962 年)冬,工程大规模上马,确立圩堤走向与围垦范围。圩堤从南端马颈沿杨柳津河西岸向北伸展,至长湖再向西,到黄土港附近又沿与永修县交界线向南折回,与马颈接头合围。整个工程既不堵口,又不开河,只在堤南建站排涝。建成后的圩堤北宽南窄,大致呈倒过来的梯形。围垦工程国家共投资 140 万元,出动全县 12 个公社共万名劳动力,完成土石方 120 万立方米,于 1963 年 4 月竣工。围堤总长 12 公里,堤高 24 米,顶宽 3 米,防洪标准为 20 米,1998 年后提高到 22 米。

　　由于是在新开辟的土地上建立的新乡村,所以规划布局较为合理、科学,村落坐落均匀。堤内一抹平畴,中间一条宽阔的机耕道,两旁是田园村庄。马颈、长湖两个村委会分别居堤内一南一北,各自管理 7 个自然村。除了程、邹、黄三姓于 1949

年以前独家居住在莲花墩、柳树潭、下高头等处外，村民大都是围垦后 1963 年和 1964 年前后从蓼花、蓼南、新池、蛟塘等乡（当时叫公社）迁来的新移民，因此沙湖山乡没有其他乡镇所有的全村同一姓氏的自然村。

堤内土地肥沃，田地平旷，便于机械耕作，灌溉与排涝系统完备，所以水稻、棉花、莲藕产量颇高，加上堤内外天然的池塘、湖汊与洲滩，这里水美鱼肥，猪、牛、鸭成群。几十年来，沙湖山乡虽然地处僻远，但却是星子县的米粮仓，真正的鱼米之乡，对拥有 20 万人口的星子县来说，这个"粮仓"还是有点小。夏、秋行走在围堤内，机耕道上林荫夹道，清风拂面，两旁稻谷飘香，村舍掩映在绿树中，宛如一幅理想中的乡村图画。

星子县还有好几处圩堤，但都是在湖湾、湖汊拦湖筑坝，堤内田地与身后乡村相连，唯有沙湖山不仅围垦面积大，而且圩堤封闭，自成一体，别具特色。

洲　滩

沙湖山乡总面积 28.8 平方公里，其中圩堤内耕地面积面积约 6.5 平方公里，加上 0.5 平方公里的乡政府所在地沙湖山，剩下的便是河、潭、洲、滩了。这些河、潭、洲、滩今天被称作鄱阳湖湿地，而且处于鄱阳湖湿地中心区域。在提倡"以粮为纲"的年代，沙湖山圩堤外的洲滩与水域，只是枯水期人们砍柴、打草与渔猎的地方。随着经济与科技的发展和视野的拓宽，人们认识到与生存息息相关的不仅只是粮食，还有自然环境。于是开始将目光投向圩堤外的洲滩湿地，这些昔日荒凉之地渐渐显示出其极其宝贵的资源价值。2001 年沙湖山乡改为"沙湖山湿地保护区管理处"后，管理处和省野保局沙湖山保护站共同担负起这 20 多平方公里湿地的保护与监测工作，更好地发挥湿地的作用。

湿地是地球之肾，它可以涵养水源、净化环境、保护生态。鄱阳湖湿地是东亚地区最大、最典型的湿地，沙湖山湿地则地处鄱阳湖湿地的腹地。这里雨量充沛，日照充足，四季分明，孕育了完整、典型的湿地生态系统。沙湖山湿地拥有沙丘阶地、红壤阶地、湖洲潜育沼地、河漫滩和水生等 5 个植物群落，数十个群丛。每年水生植物群丛与湿地植物群丛随着季节性水位的涨落呈现交替变化，秋冬水退，沙湖山四周裸露出大片洲滩，繁衍着丰富的鱼类、贝类、鸟类、昆虫、两栖爬行动物以及浮游动植物等生物，构成了生机勃勃的沙湖山湿地生态系统，给现代人提供了认识自然、享受自然、保护自然、愉悦身心的广阔天地。

冬日湖洲

　　沙湖山湿地属典型的亚热带湿地,因而为远来的候鸟提供了丰富的食物和理想的栖息地,是鄱阳湖候鸟主要栖息地之一。鄱阳湖栖息地有候鸟313种,其中国家一级保护鸟类有白鹤、黑鹤、白头鹤、大鸨等9种,国家二级保护鸟类有天鹅、灰鹤、白琵鹭、白额雁等45种,还有数不清的雁群、野鸭群……秋冬时节,天地间雁声阵阵,鹤唳清亮,奇鸟珍禽种类之繁、数量之多,世所罕见。每年都有数万越冬候鸟秋来春归,在沙湖山辽阔的洲滩上起起落落,如云起云收。早春,一望无际的湖洲上春草繁茂,高与人齐,牛群在鲜嫩的青草间悠然觅食。蓝天白云下,无边的湖洲上绿草如茵,湖风吹拂,草浪起伏,一幅"天苍苍,野茫茫,风吹草低见牛羊"的江南草原景象,徜徉其间,令人心旷神怡。

草洲上的牛群(陈家国速写,1990年)

　　圩堤内是星子的"米粮仓",圩堤外的广阔湿地又成为沙湖山特有的旅游资源。这里没有工矿企业,没有污染,空气清新,蜿蜒的杨柳津河河水清澈,潺潺有声。每年秋冬与早春,游人可以来这里观珍禽异兽,听雁鸣鹤唳,赏江南草原风光。夏季这里又是另一番景色:圩内田园村舍生意盎然,圩外水天一色,相连无际,白鹭、池鹭等水鸟在湖面上展翅翻飞……为了发展旅游业,吸引更多的游客,沙湖山特地修筑了通往湿地的道路,还建了两座观鹤亭,游人登临亭上,一览洲滩胜景,听禽鸣鸟唱,起落成阵,看獐、麂、野兔在草间出没,追逐嬉戏。

　　星子蓼南、蛟塘等乡也有洲滩湿地,可惜都离村落太远,不像沙湖山圩内田园,圩外湿地,田园与洲滩相连。这些年,乡村青壮年多外出打工,蓼南、蛟塘等乡镇农家已无人上洲打草、砍柴、种洲地。数百年来,为了争夺

湖洲上观鹤亭

这些洲滩的归属权,湖洲上常发生械斗,不少村民为之流血甚至付出生命。如今,往事已经远去、淡忘,这些乡镇所拥有的大片洲滩湿地早已荒芜,无人问津。

撰稿:景玉川

参考资料

《星子县志》,清同治版

毛德琦撰:《庐山志》,清康熙版

吴宗慈编撰,胡迎建、宗九奇、胡克沛校注:《庐山志》,江西人民出版社,1996 年

江西省文献委员会编,吴宗慈主修:《庐山续志稿》,江西庐山地方志办公室,1992 年

《鄱阳湖研究》编委会:《鄱阳湖研究》,上海科学技术出版社,1988 年

江西省星子县县志编纂委员会:《星子县志》,江西人民出版社,1990 年

星子县地方志编纂委员会:《星子县志(1986—2005)》,方志出版社,2010 年

星子县地名办公室编:《江西省星子县地名志》(未刊稿),1983 年

后　记

　　著名社会学家费孝通先生在他的《乡土中国》中说:"从基层上看去,中国社会是乡土性的。"这里的"乡土"并非贬义,而是指承载着中华文明物质基础和文化属性的村、镇,每一座古村镇都是一部厚重的书。随着城镇化步伐的加快,这些村镇正在逐渐消失,每个人的故乡都在"沦陷"。2017 年 12 月 13 日《人民日报》刊文称:近 15 年来,中国传统村落锐减近 92 万个,并正以每天 1.6 个的速度持续递减。这些承载着乡愁的祠堂、牌坊、古桥、戏台、水井、老树、炊烟、乡道等以及那些体现农耕文明地域特色的生产、生活方式和民俗风情、传统技艺也将永远消失。

　　"暧暧远人村,依依墟里烟。"星子是大诗人陶渊明的家乡,他诗中的田园风光在城镇化的大潮中渐渐离我们远去,连同那些粉墙黛瓦的村舍,纵横交错的小巷,历经风雨的古道,书声琅琅的书院、村学……这是千百年来星子先人生存与发展的家园。

为了留住传统文化的基因,唤起人们对家乡被遗忘的记忆,感触历史,凝聚乡愁,我们编写了这本《古村集镇》。它记录星子已经消失或发生巨变的村镇的历史,它们曾有的清幽、诗意与辉煌。

星子自 978 年立县,四年后的 982 年设南康军(府),军治在星子县城,此后星子的行政区域基本上是稳定的,星子人在近千年的稳定中形成了自己的地域文化。方志学家吴宗慈说:"星子境什(十之)八九属庐麓。"①尽管星子县版图囊括了庐山大部分,但它仍属小县。1895 年李德立盗租牯岭后,二十世纪三十年代,庐山牯岭地区作为特别行政区从星子划出;五十年代星子西南一部分又被划给德安(今共青城占地);六十年代再将高垅、海会两乡划走。星子本来就小,几次行政区划变更都削减了星子的疆域,使星子变得更小。2010 年,江西主政者借庐山与星子合并,又将苏家垱、泽泉两乡划出星子县。此举遭到星子人的抵制,一直未能具体实施。直到 2016 年 6 月,继任领导完成了前任未竟的事业,终将苏家垱、泽泉两乡划出。在近千年的历史中,高垅、海会、苏家垱、泽泉四乡民众的语言、风俗与星子相连,与星子人有着深深的文化认同与身份认同。为了记录历史的真实,我们将这四乡的内容写入书中,担负起应尽的历史责任。

书中选择古村的标准是或建村时间早,或村庄大,或出过

---

① 吴宗慈:《庐山志》,江西人民出版社 1996 年版,第 6 页。

名人,或历史上发生过大事。集镇则凡史、志上有记载的大都收入书中。限于资料缺乏和作者的视野,《古村集镇》定有遗珠之憾与错讹之处,期待读者批评、指正。

本书原定李代池撰稿,但李因有他务,2017 年秋改由景玉川等人撰写,最后由景玉川统稿,统一全书的语言风格。谢谢陈家国先生 20 多年前给我的一些速写稿,我选择几幅放入书中,这些画稿中农耕时代的场景已经消失不见。书中有些照片取自网络,在此特表谢意。

感谢所有为这本小册子提供资料的人们。

景玉川

2018 年 5 月于九江

跋

  星子县依匡庐临鄱阳湖,独特的地理位置与自然风光,使这里名流过往,人文荟萃。从北宋初到 1914 年,在近千年的岁月里,鱼米之乡的星子一直是南康府(军、路)府治所在地,因而文化底蕴尤为丰厚。可是,随着社会的转型与剧变,我们熟悉的、充满农耕文明诗情画意的家乡渐渐变得陌生。一百多年前,清末重臣李鸿章感叹中国面临"三千年未有之大变局"。改革开放以来,中国社会又一次面临大变:农耕文明渐行渐远,负载着历史信息的物质与非物质传统文化在城乡巨变的进程中逐渐被遗忘,星子也不能例外。

  文化是一个国家、一个民族的灵魂;文化兴则国运兴,文化强则民族强。为了留住历史的文化基因,感受传统,怀着对家乡历史的深情与敬意,我们抢救性地编写了这部历史文化丛书。因为一旦这一代人老去,要编写这类书就会更加困难。地域文化是历史、地理和行政区划沿革的产物,它基本上沿袭了千百年。一个地域的生态、资源、人口、经济等诸种因素结合在一起，人们在同样的环境中长期交往、聚居，形成了具有自身特色的地域文化。今天，"乡愁"是一个丰富了内涵与扩大了外延的名词，因此这又是一部乡愁丛书，它全景式地展示了星子的历史文化和地域风情，承载着人们对家乡故土的怀念与眷恋。

编写这部书稿的念头始于 2014 年初。几经筹谋，2015 年3 月初，我与编委和作者们首聚，定丛书名为"山南历史文化丛书"，并对各册编写进行了分工。不久我受邀主编《东林寺志》，不得不将精力放在寺院志上。2016 年夏《东林寺志》完稿，我这才有空关注这部丛书。出于诸种缘由，作者与书目后来有所调整：原定程湘达先生辑注的《摩崖碑刻》改由陈再阳负责；李代池先生撰写的《古村集镇》改由我接替。

这部百万字书稿的出版，经费也是一件大事。2016 年秋我偶然结识了三叠泉景天旅游公司（今改为北京景天国际旅游开发有限公司）的总经理景艳金，他与我同宗，辈分上属我的小弟。得知这部书稿的经费尚未落实，他慨然应允，这使我放下了心中一桩大事。不料第二年突生变故，景天公司陷入困境，但艳金依然几次表示他的承诺不变。我感激他的担当与文化追求，作者们也加快了丛书的编写进度。

2016 年 5 月 30 日，星子县与庐山合并，有着一千多年历史的县名从此消失，令人怅然若失。由于这一变化，我们将原来的"山南历史文化丛书"改名为"星子历史文化丛书"，以纪念消失的县名。

　　丛书编委会成员多为星子籍或长期工作在星子的老同志，他们参与了丛书的组织与谋划。编委与作者们分居九江、星子两地，几年来他们共同参加书稿研讨会。欧阳森林先生更是在联络作者、安排会址、搜寻资料等方面做了许多工作。

　　九江市市长谢一平曾任星子县县长，他对"星子历史文化丛书"的编写与出版给予了肯定和赞许，对此我们表示感谢。

　　丛书顾问胡振鹏先生曾任江西省副省长，他和我同在星子县城长大，均少时家贫。他居城东南黄家巷，我居东大街。对家乡的历史文化，他一向怀有诚挚的桑梓之情。

　　我们也感谢庐山天合谷旅游公司对丛书出版的帮助。

　　丛书的编写与出版得到了江西人民出版社的热情关注与指导，副社长章华荣和责任编辑徐明德、徐旻、陈茜、王珊珊诸君为丛书的出版倾注了大量精力。在此，我们深表谢意。

　　丛书中有些照片和资料图来源于网络，特此说明并致谢意。也感谢所有为丛书的编写和出版提供帮助的单位与个人。

景玉川

2018 年夏于九江

图书在版编目(CIP)数据

古村集镇／景玉川,欧阳祖照著. －－南昌：江西人民出版社,
2019.12
(星子历史文化丛书)
ISBN 978－7－210－11205－1

Ⅰ.①古… Ⅱ.①景…②欧… Ⅲ.①村史－星子县 Ⅳ.
①K295.65

中国版本图书馆 CIP 数据核字(2019)第 041297 号

古村集镇

星子历史文化丛书

景玉川　欧阳祖照　著
组稿编辑:章华荣
责任编辑:陈　茜
出　　版:**江西人民出版社**
地　　址:江西省南昌市三经路 47 号附 1 号
发　　行:各地新华书店
邮　　编:330006
编辑部电话:0791－88677352
发行部电话:0791－86898815
网　　址:www.jxpph.com
2019 年 12 月第 1 版　2019 年 12 月第 1 次印刷
开　　本:880 毫米×1230 毫米　1/32
印　　张:6.125
字　　数:122 千字
ISBN 978－7－210－11205－1
赣版权登字—01—2019—418
版权所有　侵权必究
定　　价:30.00 元
承 印 厂:南昌市红星印刷有限公司
赣人版图书凡属印刷、装订错误,请随时向承印厂调换